Série: Biblioteca do Lar Cristão
3

Santificação

Uma explicação prática do que é a verdadeira santificação cristã.

Edição original

Ellen G. White

Copyright ©2023
LS COMPANY
ISBN: 978-1-0881-5632-2

Conteneúdo

Capítulo 1—A Verdadeira e a Falsa Teoria Comparadas 4

Capítulo 2—Os Princípios de Temperança de Daniel 11

Capítulo 3—O Controle dos Apetites e Paixões 15

Capítulo 4—A Fornalha Ardente 21

Capítulo 5—Daniel na Cova dos Leões 26

Capítulo 6—As Orações de Daniel 29

Capítulo 7—O Caráter de João 33

Capítulo 8—O Ministério de João 38

Capítulo 9—João no Exílio 44

Capítulo 10—O Caráter Cristão 51

Capítulo 11—O Privilégio do Cristão 56

Capítulo 1—A Verdadeira e a Falsa Teoria Comparadas

A santificação exposta nas Sagradas Escrituras tem que ver com o ser todo -- as partes espiritual, física e moral. Eis a verdadeira idéia sobre a consagração perfeita. Paulo ora para que a igreja em Tessalônica possa gozar esta grande bênção: "E o mesmo Deus de paz vos santifique em tudo; e todo o vosso espírito, e alma, e corpo, sejam plenamente conservados irrepreensíveis para a vinda de nosso Senhor Jesus Cristo". 1 Tessalonicenses 5:23.

Há no mundo religioso uma teoria de santificação que, em si mesma, é falsa, e perigosa em sua influência. Em muitos casos aqueles que professam santificação não possuem a genuína. Sua santificação consiste em um culto por palavras e em teoria. Aqueles que estão realmente buscando o perfeito caráter cristão, jamais condescenderão com o pensamento de que estão sem pecado. Sua vida pode ser irrepreensível; podem estar vivendo como representantes da verdade que aceitaram; porém, quanto mais consagram a mente para se demorar no caráter de Cristo e mais se aproximam de Sua divina imagem, tanto mais claramente discernirão Sua imaculada perfeição e mais profundamente sentirão seus próprios defeitos.

Quando as pessoas alegam que estão santificadas, dão suficiente evidência de estar bem longe de serem santas. Deixam de ver sua própria fraqueza e desamparo. Olham para si mesmas como refletindo a imagem de Cristo, porque não têm verdadeiro conhecimento dEle. Quanto maior a distância entre elas e seu Salvador, tanto mais justas se parecem aos próprios olhos.

Quando, com penitente e humilde confiança, meditamos em Jesus, a quem nossos pecados traspassaram, podemos aprender a andar em Suas pisadas. Contemplando-O, tornamo-nos mudados em Sua divina semelhança. E quando esta obra se operar em nós, não pretenderemos ter nenhuma justiça em nós mesmos, mas exaltaremos a Jesus Cristo, ao passo que nosso enfraquecido coração confia em Seus méritos.

Condenada a justiça-própria

Nosso Salvador sempre condenou a justiça-própria. Ele ensinou a Seus discípulos que o mais elevado tipo de religião é aquele que se manifesta de maneira calma e modesta. Aconselhou-os a executarem suas obras de caridade sem estardalhaço, não por ostentação, nem para serem louvados e honrados pelos homens, mas para a glória de Deus, esperando recompensa na vida futura. Se fizessem boas ações para serem louvados pelos homens, nenhuma recompensa lhes seria concedida por seu Pai celestial.

Os seguidores de Cristo foram instruídos a não orarem com o propósito de serem ouvidos pelos homens. "Mas tu, quando orares, entra no teu aposento, e, fechando a tua porta, ora a teu Pai que está em oculto; e teu Pai, que vê secretamente, te recompensará". Tais expressões como estas, dos lábios de Cristo, mostram que Ele não considerava com aprovação aquela espécie de piedade tão predominante entre os fariseus. Seus ensinos no monte mostram que os atos de benevolência assumem uma nobre forma, e as ações de adoração religiosa espalham muito preciosa fragrância, quando praticadas de maneira despretensiosa, em penitência e humildade. O motivo puro santifica o ato.

A verdadeira santificação é uma inteira conformidade com a vontade de Deus. Pensamentos e sentimentos de rebelião são vencidos, e a voz de Jesus suscita uma nova vida, que penetra todo o ser. Aqueles que são verdadeiramente santificados não arvorarão sua própria opinião como uma norma do bem ou do mal. Não são fanáticos, nem de justiça-própria, mas ciosos de si, sempre tementes, com medo de que, havendo-lhes faltado uma promessa, tenham ficado aquém do cumprimento das condições sobre que se baseiam as promessas.

A substituição da razão pelo sentimento

Muitos dos que professam santificação ignoram inteiramente a obra de graça sobre o coração. Quando provados, descobre-se serem semelhantes ao fariseu justo aos próprios olhos. Não admitirão nenhuma contestação. Põem de lado a razão e o juízo, e confiam completamente em seus sentimentos, baseando suas pretensões à santificação nas emoções que em algum tempo experimentaram. São teimosos e perversos em incutir suas tenazes pretensões de santidade, proferindo muitas palavras, mas não produzindo nenhum fruto precioso como prova. Estas pessoas, professamente santificadas, estão, não somente enganando seu próprio coração, por suas pretensões, como também exercendo uma influência para desviar a muitos que desejam ardentemente, conformar-se com a vontade de Deus. Elas podem ser ouvidas a reiterar vez após vez: "Deus me dirige! Deus me ensina! Estou vivendo sem pecado!" Muitos dos que chegam em contato com este espírito, encontram um escuro, misterioso quê ao qual não podem compreender. Mas é isso que é inteiramente diferente de Cristo, o único verdadeiro padrão.

A santificação bíblica não consiste em forte emoção. Eis onde muitos são levados ao erro. Fazem dos sentimentos o seu critério. Quando se sentem elevados ou felizes, julgam-se santificados. Sentimentos de felicidade ou a ausência de gozo não é evidência de que a pessoa esteja ou não santificada. Não existe tal coisa como seja santificação instantânea. A verdadeira santificação é obra diária, continuando por tanto tempo quanto dure a vida. Aqueles que estão batalhando contra tentações diárias, vencendo as próprias tendências pecaminosas e buscando santidade do coração e da vida, não fazem nenhuma jactanciosa proclamação de santidade. Eles são famintos e sedentos de justiça. O pecado parece-lhes excessivamente pecaminoso.

Existem os que se consideram santos e fazem profissão da verdade, como fazem seus irmãos, de modo que se torna difícil fazer distinção entre eles; mas, a diferença existe, não obstante. O testemunho daqueles que se jactam de tão exaltada experiência fará que o suave Espírito de Cristo Se afaste de uma reunião, e deixará uma arrefecedora influência sobre os presentes; ao passo que, se eles estivessem realmente vivendo sem pecado, sua própria presença traria santos anjos à assembléia e suas palavras seriam, deveras, como "maçãs de ouro em salvas de prata".

O tempo probante

No verão, ao olharmos para as árvores de distante floresta, todas vestidas de um lindo manto verde, não podemos distinguir as árvores sempre verdes das outras. Mas quando se aproxima o inverno e o rei gelo as envolve em seu gélido abraço, despojando as outras árvores de sua bela folhagem, as sempre verdes são prontamente discernidas. Assim será com todos os que andam em humildade, desconfiados de si mesmos, mas apegados, trementes, à mão de Cristo. Enquanto aqueles que confiam em si mesmos e se fiam da perfeição de seu próprio caráter, perdem seu falso manto de justiça, quando submetidos às tempestades da prova, os verdadeiramente justos, que sinceramente amam e temem a Deus, cobrem-se do manto da justiça de Cristo, tanto na prosperidade como na adversidade.

Renúncia própria, sacrifício pessoal, benevolência, bondade, amor, paciência, magnanimidade e confiança cristã são os frutos diários produzidos por aqueles que estão verdadeiramente ligados com Deus. Seus atos podem não ser publicados ao mundo, mas eles mesmos estão diariamente lutando contra o mundo e ganhando preciosas vitórias sobre a tentação e o mal. Solenes votos são renovados e mantidos mediante a força ganha por fervente oração e constante vigilância nela. O ardente entusiasta não discerne as lutas destes silenciosos obreiros; mas os olhos dAquele que vê os segredos do coração notam e recompensam com aprovação cada esforço feito com renúncia e mansidão. É preciso o tempo probante para revelar no caráter o ouro puro do amor e da fé. Quando provas e perplexidades vêm sobre a igreja, então se desenvolvem o firme zelo e as profundas afeições dos verdadeiros seguidores de Cristo.

Sentimo-nos tristes quando vemos professos cristãos desviarem-se pela falsa e fascinante teoria de que são perfeitos, porque é muito difícil desenganá-los e levá-los ao caminho reto. Eles procuram tornar lindo e aprazível o exterior, ao passo que o adorno interior -- a mansidão e humildade de Cristo -- lhes está faltando. O tempo de prova virá a todos, quando as esperanças de muitos, que por anos se sentiram seguros, serão vistas como estando sem fundamento. Quando em novas posições, sob circunstâncias variáveis, alguns, que pareciam ser colunas na casa de Deus, se revelarão apenas como madeira carcomida debaixo da pintura e verniz. Mas os humildes de coração, que diariamente sentiram a importância de firmar seu coração na Rocha eterna, permanecerão inabaláveis no meio das tempestades de provações, porque não se confiaram a si mesmos. "O fundamento de Deus fica firme, tendo este selo: O Senhor conhece os que são Seus".

Produção natural de frutos

Aqueles que se dão ao trabalho de chamar a atenção para suas boas obras, constantemente falando de seu estado sem pecado e esforçando-se por salientar suas consecuções religiosas, com isto apenas estão enganando seu próprio coração. Um homem sadio, que está em condições de atender às vocações da vida e que, dia após dia, se dedica ao seu trabalho, com espírito alegre e uma saudável corrente de sangue em suas veias, não chama a atenção de todos aqueles a quem encontra para a sanidade de seu corpo. Saúde e vigor são as condições naturais de sua vida e, portanto, ele raramente se lembra de que está no gozo de tão rico dom.

Assim se dá com o homem verdadeiramente justo. Ele anda inconsciente de sua bondade e piedade. O princípio religioso tornou-se o motivo de sua vida e conduta, e é-lhe tão natural produzir frutos do Espírito como para a figueira produzir figos ou a roseira carregar-se de rosas. Sua natureza está tão inteiramente imbuída do amor a Deus e ao próximo, que faz as obras de Cristo com espírito voluntário.

Todos os que entram na esfera de sua influência, percebem a beleza e fragrância de sua vida cristã, ao passo que ele próprio está inconsciente desta, visto estar ela em harmonia com seus hábitos e inclinações. Ele ora pedindo luz divina, e ama o andar nessa luz. É sua comida e bebida fazer a vontade de seu Pai celestial. Sua vida está escondida com Cristo em Deus; contudo, não se jacta disto, nem parece ter disto consciência. Deus sorri para os humildes e meigos que seguem de perto as pisadas do Mestre. Os anjos são atraídos a eles e apreciam demorar-se ao seu redor. Eles podem ser passados por alto como indignos de consideração por aqueles que alegam exaltadas consecuções e se deleitam em tornar preeminentes suas boas obras; mas os anjos celestiais curvam-se amavelmente sobre eles e são como uma parede de fogo ao seu redor.

Por que Cristo foi rejeitado

Nosso Salvador era a luz do mundo; mas o mundo não O conheceu. Ele estava constantemente empenhado em obras de misericórdia, derramando luz sobre o caminho de todos; todavia, não chamava a atenção daqueles com quem Se misturava para que contemplassem Sua incomparável virtude, Sua renúncia, sacrifício e benevolência. Os judeus não admiraram tal vida. Consideravam Sua religião como sem valor, porque não concordava com sua norma de piedade. Julgaram que Cristo não era religioso em espírito ou caráter, porque a religião deles consistia em exibições, em orações públicas e em fazer obras de caridade por ostentação. Trombeteavam suas boas ações como o fazem aqueles que arrogam a si a santificação. Queriam que todos compreendessem que eles estavam sem pecado. Mas a vida toda de Cristo estava em contraste direto com isto. Ele não buscava nem ganho nem honra. Suas maravilhosas ações de cura eram praticadas da maneira mais silenciosa possível, conquanto não pudesse restringir o entusiasmo daqueles que se tornavam os recipientes de Suas grandes bênçãos. Humildade e mansidão caracterizavam Sua vida. E foi por causa de Seu andar humilde e de Suas maneiras despretensiosas, em tão notável contraste com as dos fariseus, que estes não O aceitaram.

A mansidão, fruto do espírito

O mais precioso fruto da santificação é a graça da mansidão. Quando esta graça reina no coração, a disposição é moldada por sua influência. Há uma contínua confiança em Deus e uma submissão da própria vontade à dEle. O entendimento apodera-se de toda verdade divina, a vontade dobra-se diante de todo preceito divino, sem duvidar nem murmurar. A verdadeira mansidão abranda e subjuga o coração e prepara a mente para a palavra impressa. Leva os pensamentos à obediência de Jesus Cristo. Abre o coração à Palavra de Deus, como foi aberto o de Lídia. Coloca-nos com Maria, como aqueles que aprendem, aos pés de Jesus. "Guiará os mansos retamente: e aos mansos ensinará o Seu caminho".

A linguagem dos mansos não é nunca de jactância. Como o menino Samuel, eles oram: "Fala, Senhor, porque o Teu servo ouve". Quando Josué foi colocado na elevada posição de honra, como comandante de Israel, desafiou a todos os inimigos de Deus. Seu coração encheu-se de nobres pensamentos quanto a sua grande missão. Contudo, ante a intimação de uma mensagem do Céu, colocou-se na posição de uma criancinha, para ser dirigido. "Que diz meu Senhor ao Seu servo?" foi sua pergunta. As primeiras palavras de Paulo depois que Cristo Se revelou a ele foram: "Senhor, que queres que faça?"

A mansidão, na escola de Cristo, é um dos assinalados frutos do Espírito. É uma graça produzida pelo Espírito Santo como agente santificador, e habilita seu possuidor a controlar, em todo tempo, um temperamento impulsivo e impetuoso. Quando a graça da mansidão é acariciada por aqueles que, naturalmente, são de uma disposição irritadiça e colérica, eles hão de empenhar os maiores esforços para subjugar seu infeliz temperamento. Cada dia ganharão domínio próprio, até que aquilo que é rude e dessemelhante a Jesus seja vencido. Eles se assemelharão ao Padrão divino, até ao ponto de poderem obedecer à inspirada injunção: "Pronto para ouvir, tardio para falar, tardio para se irar".

Quando um homem professa estar santificado e, todavia, pelas palavras e ações pode ser representado pela fonte impura, fazendo jorrar suas águas amargosas, podemos seguramente dizer: Esse homem está enganado. Ele precisa aprender mesmo os rudimentos que formam a vida de um cristão. Alguns que professam ser servos de Cristo têm, por tão longo tempo, nutrido o espírito de aspereza, que parecem amar o elemento profano e ter prazer em falar palavras que desgostam e irritam. Estes homens precisam converter-se antes que Cristo os reconheça como Seus filhos.

A mansidão é o adorno interior que Deus julga de grande preço. O apóstolo fala dela como sendo mais excelente e valiosa do que o ouro, ou as pérolas, ou vestidos preciosos. Enquanto o adorno exterior embeleza somente o corpo mortal, a virtude da mansidão adorna o coração e põe o homem finito em conexão com o Deus infinito. Este é o ornamento da própria escolha de Deus. Aquele que ornamentou os céus com as esferas de luz, prometeu que, pelo mesmo Espírito, "adornará os mansos com a salvação". Os anjos do Céu registrarão como melhor adornados aqueles que se revestem do Senhor Jesus Cristo e andam com Ele em mansidão e humildade de espírito.

A filiação atingida

Há elevadas consecuções para o cristão. Ele pode sempre estar subindo a mais altas aquisições. João tinha uma elevada concepção do privilégio do cristão. Ele diz: "Vede quão grande caridade nos tem concedido o Pai: que fôssemos chamados filhos de Deus". Não é possível à humanidade subir a uma dignidade mais elevada do que esta aqui incluída. Ao homem é outorgado o privilégio de tornar-se herdeiro de Deus e co-herdeiro com Cristo. Aos que assim foram exaltados, são reveladas as inescrutáveis riquezas de Cristo, as quais são milhares de vezes mais valiosas do que as do mundo. Assim, mediante os méritos de Jesus Cristo, o homem finito é levado à Sociedade com Deus e Seu querido Filho.

Capítulo 2—Os Princípios de Temperança de Daniel

O profeta Daniel tinha um caráter notável. Ele foi brilhante exemplo daquilo que os homens podem chegar a ser quando unidos com o Deus da sabedoria. Uma breve narrativa da vida deste santo homem de Deus ficou registrada para animação daqueles que poderiam, mais tarde, ser chamados a suportar a prova e a tentação.

Quando o povo de Israel, seu rei, nobres e sacerdotes foram levados em cativeiro, quatro de entre eles foram selecionados para servir na corte do rei da Babilônia. Um destes era Daniel, o qual, muito cedo, deu mostras da grande habilidade desenvolvida nos anos subseqüentes. Estes moços eram todos de nascimento principesco e são descritos como jovens em quem não havia "defeito algum, formosos de parecer, e instruídos em toda a sabedoria, sábios em ciência, e entendidos no conhecimento" e tinham "habilidade para viverem no palácio do rei". Percebendo os preciosos talentos destes jovens cativos, o rei Nabucodonosor determinou prepará-los para ocuparem importantes posições em seu reino. A fim de que pudessem tornar-se perfeitamente qualificados para sua vida na corte, de acordo com o costume oriental, eles deviam aprender a língua dos caldeus e submeter-se, durante três anos, a um curso completo de disciplina física e intelectual.

Os jovens nessa escola de preparo não eram unicamente admitidos ao palácio real, mas também tomavam providências para que comessem da carne e bebessem do vinho que vinha da mesa do rei. Em tudo isto o rei considerava que não estava somente dispensando grande honra a eles, mas assegurando-lhes o melhor desenvolvimento físico e mental que poderia ser atingido.

Enfrentando a prova

Entre os manjares colocados diante do rei havia carne de porco e de outros animais que haviam sido declarados imundos pela lei de Moisés e que os hebreus tinham sido expressamente proibidos de comer. Nisso Daniel foi provado severamente. Deveria apegar-se aos ensinos de seus pais concernentes às carnes e bebidas e ofender ao rei, e, provavelmente, perder não só sua posição mas a própria vida? ou deveria desatender o mandamento do Senhor e reter o favor do rei, assegurando-se assim grandes vantagens intelectuais e as mais lisonjeiras perspectivas mundanas?

Daniel não hesitou por longo tempo. Decidiu permanecer firme em sua integridade, fosse qual fosse o resultado. "Assentou no seu coração não se contaminar com a porção do manjar do rei, nem com o vinho que ele bebia".

Sem mesquinhez nem fanatismo

Hoje há entre os professos cristãos muitos que haveriam de julgar que Daniel era por demais esquisito, e o considerariam mesquinho e fanático. Eles consideram a questão do comer e beber como de muito pequena importância para exigir tão decidida resistência -- tal que poderia envolver o sacrifício de todas as vantagens terrenas. Mas aqueles que assim raciocinam, notarão no dia do juízo que se desviaram dos expressos reclamos de Deus e se apoiaram em sua própria opinião como norma para o certo e para o errado. Descobrirão que aquilo que lhes parecera sem importância não fora assim considerado por Deus. Seus reclamos deveriam ter sido sagradamente obedecidos. Aqueles que aceitam e obedecem a um de Seus preceitos porque lhes convém, ao passo que rejeitam a outro porque sua observância haveria de requerer sacrifício, rebaixam a norma do direito e, por seu exemplo, levam outros a considerarem levianamente a lei de Deus. "Assim diz o Senhor", deve ser nossa regra em todas as coisas.

Um caráter irrepreensível

Daniel foi submetido às mais severas tentações que podem assaltar os jovens de hoje; contudo, foi leal para com a instrução religiosa recebida na infância. Ele estava cercado por influências que subverteriam aqueles que vacilassem entre o princípio e a inclinação; todavia, a Palavra de Deus o apresenta como um caráter irrepreensível. Daniel não ousava confiar em seu próprio poder moral. A oração era para ele uma necessidade. Ele fazia de Deus a sua força e o temor do Senhor estava continuamente diante dele em todos os acontecimentos de sua vida.

Daniel possuía a graça da genuína mansidão. Era verdadeiro, firme e nobre. Procurava viver em paz com todos, ao mesmo tempo que era inflexível como o cedro altaneiro, no que quer que envolvesse princípio. Em tudo que não entrasse em colisão com sua fidelidade a Deus, era respeitoso e obediente para com aqueles que sobre ele tinham autoridade; mas tinha tão elevada consciência das reivindicações de Deus que as de governadores terrenos se lhes subordinavam. Não seria induzido por nenhuma consideração egoísta a desviar-se de seu dever.

O caráter de Daniel é apresentado ao mundo como um admirável exemplo do que a graça de Deus pode fazer de homens caídos por natureza e corrompidos pelo pecado. O registro de sua vida nobre, abnegada, é uma animação para a humanidade em geral. Dela podemos reunir força para resistir nobremente à tentação e, firmemente e na graça da mansidão, suster-nos pelo direito sob a mais severa provação.

A aprovação de Deus, mais cara que a própria vida

Daniel poderia haver encontrado uma desculpa plausível para desviar-se de seus estritos hábitos de temperança; mas a aprovação de Deus era para ele mais cara do que o favor do mais poderoso potentado terreno -- mais cara mesmo do que a própria vida. Havendo, por sua conduta cortês, obtido o favor de Melzar -- o oficial que tinha a seu cargo os jovens hebreus -- Daniel pediu que lhes concedesse não precisarem comer o manjar da mesa do rei, nem beber de seu vinho. Melzar temia que, condescendendo com este pedido, poderia incorrer no desagrado do rei, e assim pôr em perigo sua própria vida. Semelhante a muitos presentemente, ele pensava que um regime moderado faria que estes jovens se tornassem pálidos e de aparência doentia, e deficientes na força muscular, ao passo que o abundante alimento da mesa do rei os tornaria corados e belos, e promoveria as atividades física e mental.

Daniel pediu que a questão se decidisse por uma prova de dez dias, sendo permitido aos jovens hebreus, durante esse breve período, comer um alimento simples, enquanto seus companheiros participavam das guloseimas do rei. A petição foi, finalmente, deferida e, então, Daniel se sentiu seguro de que havia ganho sua causa. Conquanto jovem, havia visto os danosos efeitos do vinho e de um viver luxuoso sobre a saúde física e mental.

Deus defende seu servo

Ao fim dos dez dias achou-se ser exatamente o contrário das expectativas de Melzar. Não somente na aparência pessoal, mas em atividade física e vigor mental, aqueles que haviam sido temperantes em seus hábitos exibiram uma notável superioridade sobre seus companheiros que condescenderam com o apetite. Como resultado desta prova, a Daniel e seus companheiros foi permitido continuarem seu regime simples durante todo o curso de seu preparo para os deveres do reino.

O Senhor recompensou com aprovação a firmeza e renúncia destes jovens hebreus, e Sua bênção os acompanhou. Ele lhes "deu o conhecimento e a inteligência em todas as letras e sabedoria; mas a Daniel deu entendimento em toda a visão e sonhos". Ao expirarem os três anos de preparo, quando sua habilidade e seus conhecimentos foram examinados pelo rei, "entre todos eles não foram achados outros tais como Daniel, Ananias, Misael e Azarias; por isso permaneceram diante do rei. E em toda a matéria de sabedoria e de inteligência, sobre que o rei lhes fez perguntas, os achou dez vezes mais doutos do que todos os magos ou astrólogos que havia em todo o seu reino".

O domínio-próprio como condição de santificação

A vida de Daniel é uma inspirada ilustração do que constitui um caráter santificado. Ela apresenta uma lição para todos, e especialmente para os jovens. Uma estrita submissão às reivindicações de Deus é benéfica à saúde do corpo e do espírito. A fim de atingir a mais elevada norma de aquisições morais e intelectuais, é necessário buscar sabedoria e força de Deus e observar estrita temperança em todos os hábitos da vida. Na experiência de Daniel e seus companheiros, temos um exemplo da vitória do princípio sobre a tentação para condescender com o apetite. Ela mostra que, por meio do princípio religioso, os jovens podem triunfar sobre as concupiscências da carne e permanecer leais às reivindicações divinas, embora lhes custe grande sacrifício.

Que seria de Daniel e seus companheiros se se tivessem comprometido com aqueles oficiais pagãos e cedido à pressão da ocasião, comendo e bebendo como era costume entre os babilônios? Aquele único exemplo de desvio dos princípios lhes teria debilitado a consciência do direito e da aversão ao mal. A condescendência com o apetite teria envolvido o sacrifício do vigor físico, a clareza do intelecto e o poder espiritual. Um passo errado teria, provavelmente, levado a outros, até que, interrompendo sua conexão com o Céu, teriam sido arrastados pela tentação.

Disse Deus: "Aos que Me honram honrarei". Enquanto Daniel se apegava a Deus com firme confiança, o Espírito de poder profético vinha sobre ele. Enquanto era instruído pelos homens nos deveres da vida da corte, era por Deus ensinado a ler os mistérios dos séculos futuros e a apresentar às gerações vindouras, mediante números e símiles, as maravilhosas coisas que ocorreriam nos últimos dias.

Capítulo 3—O Controle dos Apetites e Paixões

"Que vos abstenhais das concupiscências carnais que combatem contra a alma", é a linguagem do apóstolo Pedro. Muitos consideram este texto como uma advertência unicamente contra a licenciosidade; mas ele tem um significado mais amplo. Proíbe toda satisfação prejudicial do apetite ou paixão. Que ninguém, dentre os que professam piedade, considere com indiferença a saúde do corpo e se lisonjeie pensando que a intemperança não seja pecado e que não afetará sua espiritualidade. Existe uma íntima relação entre a natureza física e a moral. Qualquer hábito que não promova a saúde, degrada as mais elevadas e nobres faculdades. Hábitos errôneos no comer e beber, conduzem a erros no pensar e agir. A condescendência com o apetite fortalece as propensões animais, dando-lhes a ascendência sobre as faculdades mentais e espirituais.

É impossível a qualquer pessoa gozar da bênção da santificação enquanto é egoísta e glutona. Muitos gemem sob um fardo de enfermidades, por causa de hábitos errôneos no comer e beber, os quais fazem violência às leis da vida e saúde. Eles estão enfraquecendo seus órgãos digestivos, ao satisfazerem um apetite pervertido. O poder da constituição humana para resistir aos abusos praticados contra ela é maravilhoso; mas os persistentes maus hábitos no excessivo comer e beber enfraquecerão toda a função do corpo. Na satisfação do apetite pervertido ou da paixão, mesmo cristãos professos prejudicam a Natureza em seu trabalho e diminuem a força física, mental e moral. Considerem bem, estas pessoas possuídas de tais fraquezas, o que teriam sido se houvessem vivido dentro das normas da temperança, e promovido uma boa saúde ao invés de desta terem abusado.

Não uma norma impossível

Quando Paulo escreveu: "O mesmo Deus de paz vos santifique em tudo", não exortou seus irmãos a visarem uma norma que lhes era impossível atingir; não orou para que tivessem bênçãos as quais não era a vontade de Deus conceder. Ele sabia que todos os que hão de estar preparados para encontrar a Cristo em paz, precisarão possuir um caráter puro e santo. "Todo aquele que luta, de tudo se abstém; eles o fazem para alcançar uma coroa corruptível, nós porém, uma incorruptível. Pois eu assim combato não como batendo no ar. Antes subjugo o meu corpo, e o reduzo à servidão, para que, pregando aos outros, eu mesmo não venha dalguma maneira a ficar reprovado". "Não sabeis que o vosso corpo é o templo do Espírito Santo, que habita em vós, proveniente de Deus, e que não sois de vós mesmos? Porque fostes comprados por bom preço; glorificai pois a Deus no vosso corpo e no vosso espírito, os quais pertencem a Deus".

Oferta imaculada

Outra vez, escreve o apóstolo aos crentes: "Rogo-vos pois, irmãos, pela compaixão de Deus, que apresenteis os vossos corpos em sacrifício vivo, santo e agradável a Deus, que é o vosso culto racional". Específicas determinações haviam sido dadas ao antigo Israel para que não fosse apresentado a Deus nenhum animal defeituoso nem doente. Unicamente o mais perfeito deveria ser escolhido para este fim. O Senhor, por meio do profeta Malaquias, reprovou Seu povo muito severamente por se haver desviado destas instruções.

"O filho honrará o pai, e o servo ao seu senhor; e, se Eu sou Pai, onde está a Minha honra? e, se Eu sou Senhor, onde está ó Meu temor? diz o Senhor dos exércitos a vós, ó sacerdotes, que desprezais o Meu nome e dissestes: Em que desprezamos nós o Teu nome? Ofereceis sobre o Meu altar pão imundo, e dizeis: Em que Te havemos profanado? Nisto que dizeis: A mesa do Senhor é desprezível. Porque, quando trazeis animal cego para o sacrificardes, não faz mal! e, quando ofereceis o coxo ou o enfermo, não faz mal! Ora apresenta-o ao teu príncipe: terá ele agrado em ti? ou aceitará ele a tua pessoa? diz o Senhor dos exércitos ... Vós ofereceis o roubado e o coxo e o enfermo; assim fazeis a oferta: ser-Me-á aceito isto de vossa mão? diz o Senhor".

Embora dirigidas ao Israel antigo, estas palavras contêm uma lição para o povo de Deus de hoje. Quando o apóstolo apela a seus irmãos para apresentarem seus "corpos em sacrifício vivo, santo e agradável a Deus", expressa os princípios da verdadeira santificação. Esta não é uma teoria, uma emoção, ou uma forma de palavras, mas um princípio vivo e ativo, que entra na vida diária. Ela requer que nossos hábitos de comer, beber e vestir sejam tais, que nos assegurem a preservação da saúde física, mental e moral, a fim de que possamos apresentar ao Senhor nosso corpo, não como uma oferta corrompida por hábitos errôneos, mas um "sacrifício vivo, santo e agradável a Deus".

Estimulantes e narcóticos

A admoestação de Pedro para que nos abstenhamos das concupiscências carnais é a mais direta e enérgica advertência contra o uso de tais estimulantes e narcóticos como o chá, café, fumo, álcool e a morfina. Estas condescendências podem muito bem ser classificadas entre os apetites que exercem uma influência perniciosa sobre o caráter moral. Quanto mais cedo se formam estes hábitos prejudiciais, tanto mais firmemente eles prenderão sua vítima em escravidão ao vício e tanto mais certamente haverão de rebaixar a norma da espiritualidade.

O ensino da Bíblia fará apenas uma fraca impressão sobre aqueles cujas faculdades estão entorpecidas pela satisfação própria. Milhares sacrificarão não somente a saúde e a vida, mas sua esperança do Céu, antes de intentarem lutar contra seus próprios apetites pervertidos. Uma senhora que por muitos anos professara estar santificada, fez a afirmação de que, se precisasse renunciar seu cachimbo ou o Céu, haveria de dizer: "Adeus, Céu; não posso vencer meu amor ao caximbo". Este ídolo havia sido entronizado no coração, deixando para Jesus um lugar inferior. Contudo, esta mulher professava ser inteiramente do Senhor!

Concupiscências que combatem contra a alma

Onde quer que possam estar, aqueles que estão verdadeiramente santificados haverão de elevar a norma da moral, conservando corretos hábitos físicos e, como Daniel, apresentando aos outros um exemplo de temperança e renúncia. Cada apetite depravado se torna uma concupiscência belicosa. Tudo que combate a lei natural cria um estado doentio na alma. A condescendência com o apetite produz um estômago dispéptico, um fígado entorpecido, um cérebro anuviado e, assim, perverte o temperamento e o espírito do homem. E estas faculdades debilitadas são ofertadas a Deus, que recusava aceitar as vítimas para o sacrifício, a menos que fossem imaculadas! É nosso dever manter nossos apetites e hábitos de vida em conformidade com a lei natural. Se os corpos oferecidos sobre o altar de Cristo fossem examinados com o acurado escrutínio a que se sujeitavam os sacrifícios dos judeus, quem seria aceito?

Com que cuidado devem os cristãos regularizar seus hábitos, a fim de poderem preservar o vigor todo, de cada faculdade, para o uso no serviço de Cristo! Se queremos ser santificados moral, física e espiritualmente, precisamos viver em conformidade com a lei divina. O coração não pode manter consagração a Deus, enquanto os apetites e paixões são satisfeitos à custa da saúde e da vida. Aqueles que violam as leis das quais depende a saúde, deverão sofrer a penalidade. Eles têm de tal modo limitado suas capacidades em todo sentido, que não podem, devidamente, desempenhar seus deveres para com os semelhantes e assim deixam, totalmente, de atender aos reclamos de Deus.

Quando a Lord Palmerston, premier da Inglaterra, foi pedido pelo clero escocês para designar um dia de jejum e oração, a fim de livrar o país da cólera, respondeu, com efeito: "Limpai e desinfetai vossas ruas e casas, promovei a limpeza e a saúde entre os pobres, e providenciai para que tenham abundância de bom alimento e vestuário, e executai corretas medidas sanitárias, em geral, e não tereis nenhuma ocasião para jejuar e orar. Tampouco o Senhor ouvirá vossas orações enquanto estas Suas precauções permanecerem desatendidas".

Diz Paulo: "Purifiquemo-nos de toda a imundícia da carne e do espírito, aperfeiçoando a santificação no temor de Deus". Ele apresenta, para vossa animação, a liberdade desfrutada pelos verdadeiramente santificados: "Portanto agora nenhuma condenação há para os que estão em Cristo Jesus, que não andam segunda a carne, mas segundo o Espírito". Ele ordena aos gálatas: "Andai em Espírito, e não cumprireis a concupiscência da carne". Então nomeia algumas das formas das concupiscências carnais -- "idolatria, bebedices e coisas semelhantes a estas". E, depois de mencionar os frutos do Espírito, entre os quais está a temperança, acrescenta: "E os que são de Cristo crucificaram a carne com as suas paixões e concupiscências".

O fumo

Tiago afirma que a sabedoria que é do alto, "é, primeiramente pura". Se ele houvesse visto seus irmãos usando o fumo, não teria denunciado essa prática como "terrena, animal e diabólica"? Neste século de luz cristã, quão freqüentemente os lábios que tomam o precioso nome de Cristo são sujados pelo sarro do fumo, e a respiração poluída pelo mau cheiro. Certamente a alma que pode usar tal imundícia, deverá também ser poluída. Ao ver homens que professam desfrutar das bênçãos da completa santificação, enquanto eram escravos do fumo, poluindo tudo ao seu redor, tenho pensado: Como haveria de parecer o Céu com fumantes ali? A Palavra de Deus declara distintamente que nele não entrará "coisa alguma que contamine". Como, pois, podem aqueles que condescendem com este hábito imundo esperar achar entrada ali?

Homens que professam santidade oferecem o corpo sobre o altar de Satanás e queimam incenso de tabaco a sua majestade satânica. Parece severa esta afirmação? Certamente, o sacrifício é oferecido a alguma divindade. Visto como Deus é puro e santo, e não aceitará coisa de caráter corrupto, Ele recusará este sacrifício dispendioso, imundo e profano; portanto, concluímos que Satanás é quem reclama essa honra.

Jesus veio para salvar o homem das garras de Satanás. Veio para livrar-nos pelo sangue de Seu sacrifício expiatório. O homem que se tornou propriedade de Deus e cujo corpo é o templo do Espírito Santo, não se escravizará sob o pernicioso hábito de usar o fumo. Suas energias pertencem a Cristo, que o comprou com preço de sangue. Sua propriedade é do Senhor. Como, pois, poderá ele achar-se sem culpa, gastando, diariamente, o capital do Senhor a ele confiado, para satisfazer um apetite que não tem nenhum fundamento em a natureza?

Uma enorme soma é desperdiçada anualmente com esta condescendência, enquanto almas estão perecendo por falta do pão da vida. Cristãos professos roubam a Deus nos dízimos e ofertas, ao passo que oferecem sobre o altar do apetite destrutor, no uso do fumo, mais do que dão para aliviar os pobres ou suprir as necessidades da causa de Deus. Aqueles que são verdadeiramente santificados, vencerão todo apetite prejudicial. Então todos estes canais de despesas desnecessárias serão voltados para o tesouro do Senhor, e os cristãos tomarão a dianteira na renúncia de si mesmos, no sacrifício próprio e na temperança. Assim serão a luz do mundo.

Chá e café

O chá e o café, do mesmo modo que o fumo, têm efeito prejudicial sobre o organismo. O chá é intoxicante. Conquanto em menor grau, seu efeito é de caráter semelhante ao das bebidas alcoólicas. O café tem muito maior tendência para anuviar o intelecto e entorpecer as energias. Não é tão poderoso como o fumo, mas semelhante em seus efeitos. Os argumentos apresentados contra o fumo podem também ser aplicados contra o uso do café e do chá.

Quando aqueles que são viciados no uso do chá, café, fumo, ópio ou bebidas alcoólicas são privados de seu costumeiro vício, então acham impossível empenhar-se, com interesse e zelo, na adoração de Deus. A graça divina parece impotente para avivar ou espiritualizar suas orações ou seus testemunhos. Estes professos cristãos deveriam considerar a fonte de seu gozo. É ela de cima, ou de baixo?

Para o que usa estimulantes, tudo parece insípido sem o vício predileto. Este mata as sensibilidades naturais tanto do corpo como da mente e o tornam menos suscetível à influência do Espírito Santo. Na ausência do estimulante usual, ele tem uma fome física e espiritual, não fome de justiça, nem de santidade, nem da presença de Deus, mas de seu acariciado ídolo. Na satisfação das concupiscências prejudiciais, cristãos professos estão diariamente enfraquecendo suas faculdades, impossibilitando-as de glorificar a Deus.

Capítulo 4—A Fornalha Ardente

No mesmo ano em que Daniel e seus companheiros entraram ao serviço do rei de Babilônia, os eventos ocorreram de maneira a provarem severamente a integridade destes jovens hebreus e patentearam, diante de uma nação idólatra, o poder e a fidelidade do Deus de Israel.

Enquanto o rei Nabucodonosor olhava para a frente com ansiosos pressentimentos a respeito do futuro, teve um sonho notável pelo qual "seu espírito se perturbou, e passou-lhe o seu sono". Contudo, embora esta visão da noite tivesse feito profunda impressão sobre seu espírito, tornou-se-lhe impossível relembrar seus pormenores. Ele recorreu aos seus astrólogos e mágicos e, com promessas de grande riqueza e honra, ordenou-lhes que lhe contassem o sonho e sua interpretação. Mas eles disseram: "Dize o sonho a teus servos, e daremos a interpretação".

O rei sabia que, se eles podiam realmente dar a interpretação poderiam contar o sonho também. O Senhor havia, em Sua providência, dado o sonho a Nabucodonosor e feito com que se esquecesse dos pormenores, ao passo que a terrível impressão lhe ficara na mente, a fim de desmascarar as pretensões dos sábios de Babilônia. O monarca ficou muito irado e afirmou-lhes que todos seriam mortos se, num dado tempo, o sonho não fosse revelado. Daniel e seus companheiros deveriam perecer com os falsos profetas; mas, com perigo da vida, Daniel aventurou-se a entrar na presença do rei, a fim de lhe implorar que concedesse tempo para revelar o sonho e a interpretação.

A este pedido, o monarca acedeu; e então Daniel reuniu seus três companheiros e, juntos, levaram o assunto perante Deus, buscando sabedoria da Fonte de luz e conhecimento. Embora estivessem na corte do rei, cercados de tentações, eles não esqueciam sua dependência de Deus. Eram inabaláveis quanto à consciência que tinham de que Sua providência os havia colocado onde estavam; de que estavam fazendo Seu trabalho, enfrentando as exigências da verdade e do dever. Tinham confiança em Deus. Haviam-se voltado para Ele em busca de força quando em perplexidade e perigo, e o Senhor lhes fora um auxílio sempre presente.

O segredo revelado

Os servos de Deus não pleitearam com Ele em vão. Haviam-nO honrado, e na hora da provação Ele os honrou, também. O segredo foi revelado a Daniel, e ele se apressou a requerer uma entrevista com o rei.

O cativo judeu está perante o monarca do mais poderoso império sobre o qual o Sol já brilhou. O rei está em grande aflição no meio de todas as suas riquezas e glória; mas o jovem exilado está calmo e sente-se feliz em seu Deus. Agora, mais que nunca, é o tempo para Daniel exaltar-se, para tornar preeminente sua própria bondade e superior sabedoria. Mas seu primeiro esforço foi declarar sua despretensão a todas as honras e exaltar a Deus como a fonte da sabedoria:

"O segredo que o rei requer, nem sábios, nem astrólogos, nem magos, nem adivinhos o podem descobrir ao rei; mas há um Deus nos Céus, o qual revela os segredos; Ele pois fez saber ao rei Nabucodonosor o que há de ser no fim dos dias". O rei escuta com solene atenção, enquanto é reproduzido cada pormenor do sonho; e quando a interpretação é fielmente dada, ele sente que pode confiar nela como uma revelação divina.

As solenes verdades comunicadas nesta visão da noite fizeram uma profunda impressão na mente do soberano e, em humildade e reverência, ele caiu prostrado e adorou, dizendo: "Certamente o vosso Deus é Deus dos deuses, e o Senhor dos reis, e o revelador dos segredos".

A imagem de ouro

Fora permitido que brilhasse sobre o rei Nabucodonosor luz direta do Céu, e por pouco tempo ele ficou influenciado pelo temor de Deus. Mas uns poucos anos de prosperidade encheram-lhe o coração de orgulho, e ele esqueceu o conhecimento do Deus vivo. Tornou-se para sua adoração de ídolos, com zelo e beatice aumentados.

Com os tesouros obtidos na guerra, ele fez uma imagem de ouro para representar aquela que havia visto em seu sonho, colocando-a na planície de Dura e ordenando a todos os governadores e povo que a adorassem, sob pena de morte. Esta estátua era de cerca de trinta metros de altura por três de largura, e aos olhos daquele povo idólatra ela apresentava aparência muito imponente e majestosa. Foi feita uma proclamação, convocando todos os oficiais do reino a fim de se reunirem para a dedicação da imagem e, ao som dos instrumentos musicais, prostrarem-se e adorarem-na. Se alguém deixasse de fazê-lo, seria imediatamente lançado dentro de uma fornalha ardente.

Não temeram a ira do rei

Chegou o dia aprazado e a vasta multidão está reunida, quando é trazida ao rei a notícia de que os três hebreus que ele havia colocado sobre a província de Babilônia se recusavam a adorar a imagem. Estes são os três companheiros de Daniel, aos quais o rei havia dado os nomes de Sadraque, Mesaque e Abede-Nego. Cheio de ira, o monarca os chama a sua presença e, apontando para a fornalha ardente, diz-lhes qual será sua punição se recusarem obediência à sua vontade.

Em vão foram as ameaças do rei. Ele não pôde demover estes nobres homens de sua fidelidade ao grande Governador das nações. Eles haviam aprendido da história de seus pais que desobediência a Deus significava desonra, desastre e ruína; que o temor do Senhor não é somente o princípio da sabedoria, mas o fundamento de toda verdadeira prosperidade. Eles olham com calma para a fornalha inflamada e a multidão idólatra. Tinham confiado em Deus e Ele não os desamparará agora. Sua resposta é respeitosa, mas decidida: "Fica sabendo, ó rei, que não serviremos a teus deuses nem adoraremos a estátua de outro que levantaste".

O orgulhoso monarca está cercado por seus grandes, os auxiliares do governo, e pelo exército que conquistou nações; e todos se unem em aplaudi-lo como tendo a sabedoria e o poder dos deuses. No meio desta imponente exibição, estão os três jovens hebreus, firmes em sua recusa quanto a obedecer ao decreto do rei. Haviam sido obedientes às leis de Babilônia, tanto quanto não entravam em conflito com as ordens de Deus; mas não se desviariam um fio de cabelo do dever para com seu Criador.

A ira do rei não conheceu limites. No próprio auge de seu poder e glória, ser assim desafiado pelos representantes de uma raça desprezada e cativa, era um insulto que seu espírito orgulhoso não podia suportar. Tendo a fornalha ardente sido aquecida sete vezes mais do que antes, nela foram lançados os três exilados hebreus. Tão furiosas eram as chamas, que os homens que os lançaram morreram queimados.

Na presença do infinito

De repente, o semblante do rei empalideceu de horror. Seus olhos se fixaram nas chamas ardentes e, voltando-se para seus lordes, disse: "Não lançamos nós três homens atados dentro do fogo?" A resposta foi: "É verdade, ó rei". E então exclama o monarca: "Eu, porém, vejo quatro homens soltos, que andam passeando dentro do fogo, e nada há de lesão neles; e o aspecto do quarto é semelhante ao Filho dos deuses".

Quando Cristo Se manifesta aos filhos dos homens, um poder invisível fala a seu coração. Eles sentem que estão na presença do Infinito. Perante Sua majestade, tremem os reis e nobres e reconhecem que o Deus vivo é acima de todo poder terreno.

Com sentimentos de remorso e vergonha, o rei exclamou: "Servos do Deus Altíssimo, saí e vinde". E eles obedeceram, apresentando-se ilesos perante aquela vasta multidão, não tendo nem mesmo o cheiro do fogo sobre suas vestes. Este milagre operou uma admirável mudança na mente do povo. A grande imagem de ouro, levantada com tanta pompa, foi esquecida. O rei publicou um decreto pelo qual qualquer pessoa que falasse contra o Deus destes homens seria morto, "porquanto não há outro Deus que possa livrar como Este".

Firme integridade e a vida santificada

Estes três hebreus possuíam genuína santificação. O verdadeiro princípio cristão não para a fim de pesar as conseqüências. Não pergunta: "Que pensará de mim o povo se eu fizer isto?" ou quanto afetará meus planos, se eu fizer aquilo?" Com o mais intenso anseio os filhos de Deus desejam saber o que Ele quer que façam, para que suas obras O glorifiquem. O Senhor tomou amplas providências para que o coração e a vida de todos os Seus seguidores possam ser controlados pela graça divina e sejam quais luzes ardentes e brilhantes no mundo.

Estes fiéis hebreus possuíam grande habilidade natural, haviam gozado da mais elevada cultura intelectual e ocupavam uma posição de honra; mas tudo isto não os levou a se esquecerem de Deus. Suas faculdades se renderam à santificadora influência da graça divina. Por sua firme integridade, publicaram os louvores dAquele que os chamou das trevas para Sua maravilhosa luz. Em seu admirável livramento, foram exibidos, perante aquela vasta multidão, o poder e a majestade de Deus. O próprio Jesus Se colocou ao seu lado na fornalha ardente e, pela glória de Sua presença, convenceu o orgulhoso rei de Babilônia de que não podia ser outro senão o Filho de Deus. A luz do Céu havia estado a irradiar de Daniel e seus companheiros até que seus colegas compreenderam a fé que lhes enobrecia a vida e embelezava o caráter. Pelo livramento de Seus servos fiéis, o Senhor declara que tomará o lado dos oprimidos e subverterá todos os poderes terrenos que procurarem espezinhar a autoridade do Deus do

Céu.

Uma lição para o pusilânime

Que lição há aqui para o pusilânime, vacilante, covarde na causa de Deus! Que encorajamento para aqueles que não se desviarão do dever por ameaças ou perigos! Estes caracteres fiéis e inabaláveis exemplificam a santificação, ao passo que eles não têm nenhum intuito de reclamar a elevada honra. A soma de bens que poderão ser praticados por devotos cristãos, conquanto comparativamente obscuros, não poderá ser avaliada sem que os registros da vida sejam revelados, quando se iniciar o juízo e os livros forem abertos.

Cristo identifica Seu interesse com os desta classe; não Se envergonha de chamá-los Seus irmãos. Deveria haver centenas onde agora existe um entre nós, tão intimamente aliados a Deus, sua vida em tal conformidade com Sua vontade que fossem luzes brilhantes e resplendentes, inteiramente santificados física, moral e espiritualmente.

Ainda prossegue o conflito entre os filhos da luz e os filhos das trevas. Aqueles que se dizem cristãos devem sacudir a letargia que debilita seus esforços e enfrentar as solenes responsabilidades que repousam sobre eles. Todos os que fazem isto podem esperar que o poder de Deus se revele neles. O Filho de Deus, o Redentor do mundo, será representado em suas palavras e obras, e o nome de Deus será glorificado.

"Como nos dias de Sadraque, Mesaque e Abede-Nego, também no período terminal da história terrena o Senhor operará poderosamente em favor daqueles que se postam inabalavelmente do lado do direito. Aquele que passeou com os valorosos hebreus na ígnea fornalha, estará com Seus seguidores onde quer que estejam. Sua permanente presença os haverá de confortar e sustentar. No meio do tempo de prova -- prova tal qual nunca houve desde que há uma nação -- Seus escolhidos permanecerão sem serem tocados. Satanás, com todas as hostes do mal, não poderá destruir nem o mais fraco dos santos. Anjos que excedem em poder, protegê-los-ão e, em seu favor, Jeová Se manifestará como um 'Deus dos deuses', capaz para salvar perfeitamente aqueles que nEle puseram sua confiança". -- Profetas e Reis, 513.

Capítulo 5—Daniel na Cova dos Leões

Quando Dario tomou posse do trono de Babilônia, imediatamente procedeu à reorganização do governo. Constituiu "sobre o reino a cento e vinte presidentes", e "sobre eles três príncipes, dos quais Daniel era um [o primeiro, segundo a versão inglesa]". E "Daniel se distinguiu destes príncipes e presidentes, porque nele havia um espírito excelente; o rei pensava constituí-lo sobre todo o reino". As honras conferidas a Daniel excitaram a inveja dos principais homens do reino. Os presidentes e príncipes procuraram achar ocasião para se queixarem contra ele. "Mas não podiam achar ocasião ou culpa alguma; porque ele era fiel, e não se achava nele nenhum vício nem culpa".

Que lição se apresenta aqui para todos os cristãos! Os sagazes olhos da inveja foram fixados sobre Daniel dia após dia; sua vigilância foi aguçada pelo ódio; contudo, nem uma palavra ou ato de sua vida puderam eles fazer com que parecesse mal. Todavia, ele não se jactava de santificação; mas fazia o que era infinitamente melhor -- vivia uma vida de fidelidade e consagração.

Uma trama satânica

Quanto mais irrepreensível a conduta de Daniel, tanto mais ódio ela excitava contra ele em seus inimigos. Eles se encheram de raiva, porque não puderam encontrar nada em seu caráter moral ou no desempenho de seus deveres sobre que basear uma queixa contra ele. "Então estes homens disseram: Nunca acharemos ocasião alguma contra este Daniel, se não a procurarmos contra ele na lei do seu Deus". Três vezes ao dia, Daniel orava ao Deus do Céu. Esta era a única acusação que poderia ser apresentada contra ele.

Uma trama foi então delineada para levar a cabo sua destruição. Seus inimigos reuniram-se no palácio e suplicaram ao rei que baixasse um decreto, pelo qual nenhuma pessoa em todo o reino deveria pedir coisa alguma quer de Deus, quer de homem, a não ser de Dario, o rei, durante um espaço de trinta dias, e qualquer violação deste edito seria punida, atirando-se o culpado na cova dos leões. O rei nada sabia do ódio destes homens contra Daniel e não suspeitava que este decreto haveria de, por qualquer modo, prejudicá-lo.

Mediante a lisonja, eles fizeram o monarca acreditar que seria grandemente para sua honra a publicação deste edito. Com um sorriso de satânico triunfo, eles saíram da presença do rei e regozijaram-se por causa da armadilha que haviam preparado para o servo de Deus.

Um exemplo de coragem e fidelidade

O decreto é proclamado pelo rei. Daniel está a par do propósito de seus inimigos, de o destruírem. Mas ele não muda sua maneira de proceder em um único pormenor. Com calma, executa seus costumeiros deveres e, na hora da oração, vai a sua câmara e, com as janelas abertas para o lado de Jerusalém, dirige suas petições ao Deus do Céu. Por seu procedimento, declara destemidamente que nenhum poder terreno tem o direito de interferir entre ele e seu Deus e dizer-lhe a quem deveria orar ou deixar de fazê-lo. Homem de princípios nobres! Ele se mantém ainda hoje perante o mundo como um louvável exemplo de coragem e fidelidade cristã. Volta-se para Deus com toda a alma, coração, conquanto saiba que a morte é a pena de sua devoção.

Seus adversários observam-no um dia inteiro. Três vezes retirou-se para sua câmara, e três vezes foi ouvida a voz de fervente intercessão. Na manhã seguinte é apresentada ao rei a queixa de que Daniel, um dos cativos de Judá, desafiou seu decreto. Quando o monarca ouviu estas palavras, seus olhos imediatamente se abriram para ver a armadilha que havia sido preparada. Ficou profundamente descontente consigo mesmo, por haver publicado tal decreto, e trabalhou até ao pôr do Sol para descobrir um plano mediante o qual Daniel pudesse ser libertado. Mas os inimigos de Daniel haviam antecipado isto, e vieram ao rei com estas palavras: "Sabe, ó rei, que é uma lei dos medos e dos persas que nenhum edito ou ordenança, que o rei determine, se pode mudar.

"Então o rei ordenou que trouxessem a Daniel, e o lançaram na cova dos leões. E, falando o rei, disse a Daniel: O teu Deus, a quem tu continuamente serves, Ele te livrará". Uma pedra foi colocada sobre a boca da cova e selada com o selo real. "Então o rei dirigiu-se para o seu palácio, e passou a noite em jejum, e não deixou trazer a sua presença instrumentos de música; e fugiu dele o sono".

"Meu Deus enviou o seu anjo"

Muito cedo, de manhã, o monarca dirigiu-se apressadamente à cova dos leões e gritou: "Daniel, servo do Deus vivo! Dar-se-ia o caso que o teu Deus, a quem tu continuamente serves, tenha podido livrar-te dos leões?" A voz do profeta foi ouvida em resposta: "Ó rei, vive para sempre! O meu Deus enviou o Seu anjo, e fechou a boca dos leões, para que não me fizessem dano, porque foi achada em mim inocência diante dEle; e também contra ti, ó rei, não tenho cometido delito algum."

"Então o rei muito se alegrou em si mesmo, e mandou tirar Daniel da cova: assim foi tirado Daniel da cova, e nenhum dano se achou nele, porque crera no seu Deus". Assim foi livrado o servo de Deus. E a armadilha que seus inimigos armaram para a destruição dele, provou-se ser para sua própria ruína. Por ordem do rei eles foram lançados na mesma cova e, instantaneamente, devorados pelos animais selvagens.

Capítulo 6—As Orações de Daniel

Ao aproximar-se o tempo para a terminação dos setenta anos do cativeiro, Daniel começou a preocupar-se grandemente a respeito das profecias de Jeremias. Vira que estava próximo o tempo em que Deus haveria de dar outra oportunidade a Seu povo escolhido; e, mediante jejum, humilhação e oração, importunava o Deus do Céu em favor de Israel, com estas palavras: "Ó Senhor! Deus grande e tremendo, que guardas o concerto e a misericórdia para com os que Te amam e guardam os Teus mandamentos; pecamos, e cometemos iniquidade, e procedemos impiamente, e fomos rebeldes, apartando-nos dos Teus mandamentos e dos Teus juízos; e não demos ouvidos aos Teus servos, os profetas, que em Teu nome falaram aos nossos reis, nossos príncipes, e nossos pais, como também a todo o povo da Terra".

Daniel não proclamava diante do Senhor sua própria fidelidade. Em vez de se confessar puro e santo, este honrado profeta se identificava com Israel, realmente pecador. A sabedoria que Deus lhe havia concedido era tanto maior que a dos grandes homens do mundo quanto a luz do Sol que brilha nos céus é mais resplendente do que a mais pálida estrela. Todavia, ponderai a oração dos lábios deste homem tão altamente favorecido pelo Céu. Com profunda humildade, com lágrimas e coração lacerado, ele intercede por si e por seu povo. Estende seu coração aberto perante Deus, confessando sua própria indignidade e reconhecendo a grandeza e majestade do Senhor.

Zelo e fervor

Que zelo e fervor caracterizam suas súplicas! A mão da fé se alça para agarrar as infalíveis promessas do Altíssimo. Sua alma luta em agonia. E ele tem a evidência de que sua oração é ouvida. Sabe que a vitória é sua. Se nós, como um povo, orássemos como Daniel e lutássemos como ele lutou, humilhando nosso coração perante Deus, haveríamos de presenciar tão notáveis respostas às nossas petições quanto as que foram dadas a Daniel. Ouvi como ele expõe seu caso à corte celestial:

"Inclina, ó Deus meu, os Teus ouvidos, e ouve: abre os Teus olhos, e olha para a nossa desolação, e para a cidade que é chamada pelo Teu nome, porque não lançamos as nossas súplicas perante a Tua face fiados em nossas justiças, mas em Tuas muitas misericórdias. Ó Senhor, ouve; ó Senhor perdoa; ó Senhor atende-nos e opera sem tardar; por amor de Ti mesmo, ó Deus meu; porque a Tua cidade e o Teu povo se chamam pelo Teu nome".

O homem de Deus orava pela bênção do Céu sobre seu povo e por um mais claro conhecimento da vontade divina. O fardo de seu coração era Israel, o qual não estava, num sentido restrito, observando a lei de Deus. Ele reconhecia que todos os seus infortúnios vieram sobre Israel em consequência de suas transgressões dessa lei santa. Diz ele: "Pecamos; obramos impiamente ... Por causa das iniquidades de nossos pais, tornou-se Jerusalém e o Teu povo um opróbrio para todos os que estão em redor de nós". Os judeus haviam perdido seu peculiar e santo caráter como o povo escolhido de Deus. "Agora, pois, ó Deus nosso, ouve a oração do Teu servo, e as suas súplicas, e sobre o Teu santuário assolado faze resplandecer o Teu rosto, por amor do Senhor". O coração de Daniel volta-se com intensa saudade para o desolado santuário de Deus. Ele sabe que sua prosperidade só poderá ser restaurada, ao arrepender-se Israel de suas transgressões contra a lei de Deus e tornar-se humilde, fiel e obediente.

O mensageiro celestial

Ao prosseguir a oração de Daniel, o anjo Gabriel vem voando das cortes celestiais para lhe dizer que suas petições foram ouvidas e atendidas. Este poderoso anjo é comissionado para dar-lhe perícia e compreensão -- para abrir perante ele os mistérios dos séculos futuros. Assim, enquanto ardentemente buscava saber e compreender a verdade, Daniel foi levado em comunhão com o mensageiro delegado pelo Céu.

Em resposta a sua petição, Daniel recebeu não somente a luz e a verdade de que ele e seu povo mais precisavam, mas uma visão dos grandes eventos do futuro mesmo até o advento do Redentor do mundo. Aqueles que professam estar santificados, ao passo que não têm nenhum desejo de examinar as Escrituras ou lutar com Deus em oração por uma compreensão mais clara da verdade bíblica, não sabem o que é a verdadeira santificação.

Daniel falava com Deus. O Céu estava aberto perante ele. Mas as elevadas honras conferidas a ele eram o resultado da humilhação e fervorosa comunhão com Deus. Todos os que, de coração, crêem na Palavra de Deus, terão fome e sede de um conhecimento de Sua vontade. Deus é o autor da verdade. Ele ilumina o entendimento obscurecido e dá à mente humana poder para apreender e compreender as verdades que revelou.

Em busca da sabedoria de Deus

Na ocasião que acaba de ser descrita, o anjo Gabriel deu a Daniel toda instrução que ele estava habilitado a receber. Uns poucos anos mais tarde, contudo, o profeta desejou conhecer mais a respeito dos assuntos não explicados inteiramente e, de novo, pôs-se a buscar luz e sabedoria de Deus. "Naqueles dias eu Daniel, estive triste por três semanas completas. Manjar desejável não comi, nem carne nem vinho entraram na minha boca, nem me ungi com ungüento... E levantei os meus olhos, e olhei, e vi um homem vestido de linho, e os seus lombos cingidos com ouro fino de Ufaz; e o seu corpo era como turquesa, e o seu rosto parecia um relâmpago, e os seus olhos como tochas de fogo, e os seus braços e seus pés como cor de bronze polido; e a voz das suas palavras como a voz duma multidão".

Esta descrição é semelhante àquela dada por João quando Cristo foi revelado a ele na ilha de Patmos. Não foi outro personagem senão o Filho de Deus que apareceu a Daniel. Nosso Senhor vem com outro mensageiro celestial para ensinar a Daniel o que aconteceria nos últimos dias.

As grandes verdades reveladas pelo Redentor do mundo são para aqueles que procuram a verdade como a tesouros escondidos. Daniel era um homem idoso. Sua vida tinha sido passada no meio das fascinações de uma corte pagã; sua mente havia lidado com os negócios de um grande império. Todavia, ele se volta de tudo isto para afligir seu coração diante de Deus e buscar um conhecimento dos propósitos do Altíssimo. E, em resposta a suas súplicas, foi comunicada luz das cortes celestiais aos que haveriam de viver nos últimos dias. Com que zelo, pois, deveríamos nós buscar a Deus, para que Ele nos abra o entendimento a fim de compreender as verdades trazidas do Céu para nós.

"E só eu, Daniel, vi aquela visão; os homens que estavam comigo não a viram: não obstante, caiu sobre eles um grande temor e fugiram, escondendo-se ... E não ficou força em mim; e transmudou-se em mim a minha formosura em desmaio, e não retive força alguma". Todos os que estão verdadeiramente santificados, hão de ter experiência semelhante. Quanto mais claras suas visões da grandeza, glória e perfeição de Cristo, tanto mais vividamente verão sua própria fraqueza e imperfeição. Não terão nenhuma disposição para dizer que têm caráter impecável; aquilo que neles tem parecido correto e conveniente, aparecerá, em contraste com a pureza e glória de Cristo, somente indigno e corruptível. É quando os homens estão separados de Deus, quando têm muito indistintas visões de Cristo, que dizem: "Eu estou sem pecado; estou santificado".

Gabriel apareceu ao profeta e assim se dirigiu a ele: "Daniel, homem mui desejado, está atento às palavras que te vou dizer, e levanta-te sobre os teus pés; porque eis que te sou enviado. E, falando ele comigo estas palavras, eu estava tremendo. Então me disse: Não temas, Daniel, porque desde o primeiro dia, em que aplicaste o teu coração a compreender e a humilhar-te perante o teu Deus, são ouvidas as tuas palavras; e eu vim por causa das tuas palavras".

Honras reais prestadas a Daniel

Que grande honra é outorgada a Daniel pela Majestade do Céu! Conforta Seu servo tremente e lhe assegura que sua oração foi ouvida no Céu. Em resposta àquela fervorosa petição, o anjo Gabriel foi enviado para influenciar o coração do rei persa. O monarca havia resistido às impressões do Espírito de Deus durante as três semanas em que Daniel estivera jejuando e orando, mas o Príncipe dos Céus, o Arcanjo Miguel, foi enviado para convencer o coração do obstinado rei, a fim de que tomasse alguma decisão para atender à oração de Daniel.

"E, falando ele comigo estas palavras, abaixei o meu rosto, e emudeci. E eis que uma como semelhança dos filhos dos homens me tocou os lábios ... e disse: Não temas, homem mui desejado, paz seja contigo; anima-te, sim, anima-te. E, falando ele comigo, esforcei-me, e disse: Fala, meu Senhor, porque me confortaste". Tão grande foi a glória divina revelada a Daniel, que não pôde suportar a visão. Então o mensageiro celestial velou o resplendor de sua presença e apareceu ao profeta na "semelhança dos filhos dos homens". Por seu divino poder, fortaleceu este homem de integridade e fé, para ouvir a mensagem divina a ele enviada.

Daniel foi um devoto servo do Altíssimo. Sua longa vida foi repleta de nobres feitos de serviço para seu Mestre. Sua pureza de caráter e inabalável fidelidade são igualadas unicamente por sua humildade de coração e contrição diante de Deus. Repetimos: A vida de Daniel é uma inspirada ilustração da verdadeira santificação.

Capítulo 7—O Caráter de João

O apóstolo João distinguiu-se entre seus irmãos como o "discípulo a quem Jesus amava". Conquanto não fosse tímido, fraco ou de caráter vacilante, ele possuía uma disposição amável e um coração ardente e afetuoso. Ele parece ter gozado, num sentido preeminente, a amizade de Cristo e recebido muitas provas da confiança e amor do Salvador. Foi um dos três a quem se permitiu testemunhar a glória de Cristo sobre o monte da transfiguração e Sua agonia no Getsêmani; e, ao seu cuidado, nosso Senhor confiou Sua mãe naquelas últimas horas de angústia sobre a cruz.

A afeição do Salvador pelo discípulo amado foi retribuída com toda a força de uma devoção ardente. Ele se apegou a Cristo como a videira se apega às suntuosas colunas. Por amor de seu Mestre, enfrentou os perigos da sala do julgamento e demorou-se junto da cruz; e, ante as novas de que Cristo havia ressurgido, correu ao sepulcro, sobrepujando, em seu zelo, mesmo o impetuoso Pedro.

O amor de João por seu Mestre não era uma simples amizade humana; mas sim o amor de um pecador arrependido, que reconhecia haver sido redimido pelo precioso sangue de Cristo. Ele considerava a mais elevada honra trabalhar e sofrer no serviço de seu Senhor. Seu amor por Jesus o levava a amar todos aqueles por quem Cristo morrera. Sua religião era de caráter prático. Arrazoava que o amor a Deus se manifestaria no amor a Seus filhos. Podia ser ouvido dizendo repetidas vezes: "Amados, se Deus assim nos amou, também nós devemos amar uns aos outros". "Nós O amamos a Ele porque nos amou primeiro. Se alguém diz: Eu amo a Deus, e aborrece a seu irmão, é mentiroso. Pois quem não ama a seu irmão, ao qual viu, como pode amar a Deus, a quem não viu?" A vida do apóstolo estava em harmonia com seus ensinos. O amor por Cristo, que ardia em seu coração, levava-o a prestar o mais zeloso e incansável serviço por seus semelhantes, especialmente por seus irmãos na igreja cristã. Ele era um poderoso pregador, fervoroso e profundo em zelo, e suas palavras levavam consigo um peso de convicção.

Uma nova criatura por meio da graça

O confiante amor e a desinteressada devoção manifestados na vida e caráter de João, apresentam lições de incontável valor para a igreja cristã. Alguns podem representá-lo como possuindo esse amor independente da graça divina; mas João tinha, por natureza, sérios defeitos de caráter; era orgulhoso e ambicioso, e pronto para ressentir-se pelo escárnio e ofensa.

A profundidade e o fervor da afeição de João por seu Senhor, não eram a causa do amor de Cristo por ele, mas o efeito desse amor. João desejava tornar-se semelhante a Jesus e, sob a transformadora influência de Seu poder, tornou-se manso e humilde de coração. O eu foi escondido em Jesus. Ele estava intimamente unido à Videira Viva e assim se tornou participante da natureza divina. Tal será sempre o resultado da comunhão com Cristo. Isto é verdadeira santificação.

Pode haver notáveis defeitos no caráter de um indivíduo; contudo, quando ele se torna um verdadeiro discípulo de Cristo, o poder da graça divina faz dele uma nova criatura. O amor de Cristo o transforma e santifica. Mas quando as pessoas professam ser cristãs e sua religião não faz que sejam melhores homens e mulheres em todas as relações da vida -- representações vivas de Cristo no temperamento e no caráter -- não são dEle.

Lições sobre edificação do caráter

Certa ocasião, João empenhou-se numa disputa com vários de seus irmãos sobre qual deles seria considerado o maior. Não queriam que suas palavras alcançassem os ouvidos do Mestre; mas Jesus lia-lhes o coração e aproveitou a oportunidade para dar a Seus discípulos uma lição de humildade. Esta lição não foi somente para o pequeno grupo que escutou Suas palavras, mas devia ser registrada para o bem de todos os Seus seguidores até o fim dos tempos. "E Ele, assentando-Se, chamou os doze, e disse-lhes: Se alguém quiser ser o primeiro, será o derradeiro de todos e o servo de todos".

Aqueles que possuem o Espírito de Cristo não terão nenhuma ambição de ocupar uma posição sobre seus irmãos. São aqueles que são pequenos aos seus próprios olhos que serão considerados grandes à vista de Deus. "E, lançando mão de um menino, pô-lo no meio deles, e, tomando-o nos Seus braços, disse-lhes: Qualquer que recebe um destes meninos em Meu nome a Mim Me recebe; e qualquer que a Mim Me receber, recebe, não a Mim mas ao que Me enviou".

Que preciosa lição é esta para todos os seguidores de Cristo! Aqueles que passam por alto os deveres da vida, que jazem diretamente em seu caminho, e negligenciam a misericórdia e a bondade, a cortesia e o amor, mesmo que seja para com uma criancinha, estão rejeitando a Cristo. João sentiu a força desta lição e foi beneficiado por ela.

Em outra ocasião, seu irmão Tiago e ele viram um homem expulsando demônios em nome de Jesus; e, porque esse não se unira imediatamente a seu grupo, decidiram que não tinha nenhum direito para fazer esse trabalho e, conseqüentemente, proibiram-no. Na sinceridade de seu coração, João relatou a circunstância a seu Mestre. Jesus disse: "Não lho proibais; porque ninguém há que faça milagres em Meu nome e possa logo falar mal de Mim. Porque quem não é contra nós é por nós".

De outra feita Tiago e João apresentaram, por intermédio de sua mãe, uma petição rogando que lhes fosse permitido ocuparem as mais elevadas posições de honra no reino de Cristo. O Salvador respondeu: "Não sabeis o que pedis". Quão pouco muitos de nós compreendemos da verdadeira importância de nossas orações! Jesus conhecia o infinito sacrifício pelo qual seria adquirida aquela glória quando, "pelo gozo que Lhe estava proposto, suportou a cruz, desprezando a afronta". Esse gozo era por ver almas salvas por Sua humilhação, Sua agonia e o derramamento de Seu sangue.

Esta era a glória que Cristo estava para receber e que estes dois discípulos pediram lhes fosse permitido partilhar. Jesus lhes perguntou: "Podeis vós beber o cálice que Eu bebo, e ser batizados com o batismo com que Eu sou batizado? E eles Lhe disseram: Podemos".

Quão pouco compreendiam o que esse batismo significava! "Jesus, porém, disse-lhes: Em verdade sereis batizados com o batismo com que Eu sou batizado; mas o assentar-se à Minha direita, ou à Minha esquerda, não Me pertence a Mim concedê-los, mas isso é para aqueles a quem está reservado".

O orgulho e a ambição reprovados

Jesus compreendeu os motivos que incitaram aquele pedido e assim reprovou o orgulho e a ambição dos dois discípulos: "Sabeis que os que julgam ser príncipes das gentes, delas se assenhoreiam, e os seus grandes usam de autoridade sobre elas; mas entre vós não será assim; antes, qualquer que entre vós quiser ser grande, será vosso serviçal; e qualquer que dentre vós quiser ser o primeiro será servo de todos. Porque o Filho do homem também não veio para ser servido, mas para servir e dar a Sua vida em resgate de muitos".

Certa ocasião, Cristo enviou mensageiros diante dEle a uma vila de samaritanos, pedindo ao povo que preparasse pousada para Ele e Seus discípulos. Mas quando o Salvador Se aproximou da vila, pareceu como quem estava de passagem para Jerusalém. Isto suscitou a inimizade dos samaritanos, e em vez de mandarem mensageiros para O convidarem e mesmo estarem com Ele para hospedar-Se em seu meio, recusaram-Lhe as cortesias que teriam prestado a um viajante comum. Jesus nunca obriga alguém a aceitá-Lo, de modo que os samaritanos perderam a bênção que lhes teria sido concedida, caso Lhe houvessem solicitado para ser seu hóspede.

Nós nos podemos admirar do descortês tratamento dado à Majestade do Céu; mas quão freqüentemente nós, que professamos ser seguidores de Cristo, somos culpados de semelhante negligência! Insistimos com Jesus para tomar posse de Sua habitação em nosso coração e nosso lar? Ele está repleto de amor, de graça, de bênção, e está pronto para conceder-nos estas dádivas; mas, como os samaritanos, nós muitas vezes nos contentamos sem elas.

Os discípulos sabiam do propósito de Cristo para abençoar aos samaritanos com Sua presença; e quando viram a frieza, os ciúmes e o desrespeito manifestados para com seu Mestre, encheram-se de surpresa e indignação. Especialmente Tiago e João ficaram irritados. Aquele que eles tão grandemente reverenciavam, ser assim tratado, parecia-lhes um crime demasiado grande para ser passado por alto sem imediata punição. Em seu zelo, disseram: "Senhor, queres que digamos que desça fogo do céu e os consuma, como Elias também fez?" referindo-se à destruição dos capitães sírios e suas companhias, que foram enviados para prender o profeta Elias.

Jesus repreendeu Seus discípulos, dizendo: "Vós não sabeis de que espírito sois. Porque o Filho do homem não veio para destruir as almas dos homens, mas para salvá-las". João e seus condiscípulos estavam numa escola, da qual Cristo era o professor. Aqueles que estavam prontos para ver seus próprios defeitos e ansiosos por melhorar o caráter, tinham ampla oportunidade. João entesourava cada lição e constantemente procurava conduzir sua vida em harmonia com o Padrão Divino. As lições de Jesus, apresentando a mansidão, a humildade e o amor como essenciais ao crescimento da graça e à adaptação para Seu trabalho, eram altamente avaliadas por João. Essas lições são dirigidas a nós como indivíduos e irmãos na igreja, tão bem como os primeiros discípulos de Cristo.

João e Judas

Uma lição instrutiva pode ser tirada do frisante contraste entre o caráter de João e o de Judas. João era uma ilustração viva da santificação. De outro lado, Judas possuía uma forma de piedade, ao passo que seu caráter era mais satânico do que divino. Professava ser discípulo de Cristo, mas negava-O em palavras e obras.

Judas tinha as mesmas preciosas oportunidades que João para estudar e imitar o Modelo. Ele escutava as lições de Cristo e seu caráter poderia ter sido transformado pela graça divina. Porém, enquanto João lutava ardorosamente contra suas próprias faltas e procurava assemelhar-se a Cristo, Judas violava sua consciência, rendia-se à tentação e fortalecia em si hábitos de desonestidade, que o transformariam na imagem de Satanás.

Estes dois discípulos representam o mundo cristão. Todos professam ser seguidores de Cristo; porém, enquanto uma classe anda em humildade e mansidão, aprendendo de Jesus, a outra mostra que eles não são obradores da Palavra, mas unicamente ouvintes. Uma classe é santificada pela verdade; a outra, nada conhece do poder transformador da graça divina. A primeira é daqueles que diariamente estão morrendo para o eu e vencendo o pecado. A última é daqueles que estão condescendendo com as concupiscências e se tornando servos de Satanás.

Capítulo 8—O Ministério de João

O apóstolo João passara a infância na sociedade dos incultos pescadores galileus. Não gozara do preparo das escolas, mas, pela comunhão com Cristo, o grande Ensinador, obteve a mais elevada educação que o homem mortal pode receber. Sorveu avidamente da fonte da Sabedoria e, então, procurou conduzir outros àquela fonte de água que salta "para a vida eterna". A simplicidade de suas palavras, o sublime poder das verdades por ele anunciadas e o fervor espiritual que caracterizavam seus ensinos, davam-lhe acesso a todas as classes. Contudo, mesmo os crentes não podiam compreender os sagrados mistérios da verdade divina esclarecida em seus discursos. Ele parecia estar constantemente imbuído do Espírito Santo. Procurava induzir o povo a apegar-se ao invisível. A sabedoria com a qual ele falava, fazia que suas palavras caíssem como o orvalho, abrandando e subjugando a alma.

Depois da ascensão de Cristo, João tornara-se um fiel, ardente trabalhador pelo Mestre. Juntamente com outros, gozara do derramamento do Espírito Santo no dia de Pentecostes e, com zelo e poder novos, continuou falando ao povo as palavras da vida. Foi ameaçado de prisão e morte, mas não se deixou intimidar.

Multidões de todas as classes saem para ouvir a pregação dos apóstolos e são curadas as suas enfermidades mediante o nome de Jesus -- esse nome tão odiado entre os judeus. Os sacerdotes e príncipes tornam-se frenéticos em sua oposição, ao verem que os doentes são curados e o nome de Jesus é exaltado como o Príncipe da vida. Eles temem que em breve todo o mundo haverá de crer nEle e então os acusem de assassinos do poderoso Médico. Mas quanto maiores seus esforços para impedirem este excitamento, tanto mais crêem nEle os homens e se apartam dos ensinos dos escribas e fariseus. Enchem-se de indignação e, lançando mão de Pedro e João, atiram-nos na prisão comum. Porém, o anjo do Senhor, de noite, abre as portas da prisão, tira-os para fora e lhes diz: "Ide e apresentai-vos no templo, e dizei ao povo todas as palavras desta vida".

Com fidelidade e zelo, João testemunhou de seu Senhor em toda a ocasião oportuna. Ele viu que os tempos eram cheios de perigos para a igreja. Por toda parte existiam enganos satânicos. A mente do povo vagueava por labirintos de cepticismo e de doutrinas enganosas. Alguns que professavam ser fiéis à causa de Deus, eram enganadores. Negavam a Cristo e Seu evangelho, estavam produzindo danosas heresias e vivendo em transgressão da lei divina.

O tema favorito de João

O tema favorito de João era o infinito amor de Cristo. Ele cria em Deus como uma criança crê num pai bondoso e terno. Compreendia o caráter e obra de Jesus; e quando via seus irmãos judeus caminhando às apalpadelas, sem nenhum raio do Sol da Justiça para lhes iluminar o caminho, ansiava por lhes apresentar Cristo, a Luz do mundo.

O fiel apóstolo via que a cegueira deles, o orgulho, a superstição e a ignorância quanto às Escrituras estavam-lhes pondo a vida em grilhões que nunca mais se partiriam. O preconceito e o ódio que obstinadamente nutriam contra Cristo, estavam trazendo a ruína sobre eles como uma nação e destruindo sua esperança de vida eterna. Mas João continuava a apresentar-lhes Cristo como o único meio de salvação. A evidência de que Jesus de Nazaré era o Messias era tão clara, que João declara que nenhum homem tem necessidade de andar nas trevas do erro enquanto tal luz é oferecida.

Entristecidos pelos erros perniciosos

João viveu o bastante para ver o evangelho de Cristo pregado longe e perto, e milhares aceitando avidamente seus ensinos. Mas encheu-se de tristeza ao perceber que erros perniciosos se introduziam na igreja. Alguns dos que aceitaram a Cristo professavam que Seu amor os desobrigava da obediência à lei de Deus. De outro lado, muitos ensinavam que a letra da lei deveria ser observada, como também todos os costumes e cerimônias judaicas, e que isto era suficiente para a salvação, sem o sangue de Cristo. Eles sustentavam que Cristo fora um bom homem, tanto como os apóstolos, mas negavam Sua divindade. João viu os perigos a que seria exposta a igreja, se seus membros recebessem estas idéias, de modo que as enfrentou com presteza e decisão. Escreveu a uma grande auxiliadora do evangelho, uma senhora de boa reputação e extensa influência:

"Muitos enganadores entraram no mundo, os quais não confessam que Jesus Cristo veio em carne. Este tal é o enganador e anticristo. Olhai por vós mesmos, para que não percamos o que temos ganho, antes recebamos o inteiro galardão. Todo aquele que prevarica, e não persevera na doutrina de Cristo, não tem a Deus: quem persevera na doutrina de Cristo, esse tem tanto ao Pai como ao Filho. Se alguém vem ter conosco, e não traz esta doutrina, não o recebais em casa, nem tampouco o saudeis. Porque quem o saúda tem parte nas suas más obras".

João não prosseguiu seu trabalho sem grandes embaraços. Satanás não estava ocioso. Instigou homens maus para abreviarem a vida útil deste homem de Deus; mas santos anjos o protegeram de seus assaltos. João precisava ficar como uma fiel testemunha de Cristo. A igreja, em seu perigo, necessitava de seu testemunho.

Pela representação maliciosa e falsidade, os emissários de Satanás procuraram despertar oposição contra João e a doutrina de Cristo. Em conseqüência, dissensões e heresias estavam pondo em perigo a igreja. João enfrentou estes erros com inflexibilidade. Vedou o caminho aos adversários da verdade. Escreveu e exortou, para que os dirigentes destas heresias não tivessem o menor estímulo. Presentemente, há males semelhantes aos que ameaçavam a prosperidade da igreja primitiva, e os ensinos do apóstolo sobre estes pontos deveriam ser cuidadosamente atendidos. "Deveis ter caridade", é o clamor que se pode ouvir em toda parte, especialmente daqueles que professam a santificação. Mas a caridade é demasiado pura para cobrir um pecado não confessado. Os ensinos de João são importantes para aqueles que vivem entre os perigos dos últimos dias. Ele estivera intimamente ligado a Cristo. Escutara Seus ensinos e testemunhara Seus poderosos milagres. Assim apresentou um convincente testemunho, que tornou sem efeito as falsidades de Seus inimigos.

Nenhum compromisso com o pecado

João desfrutou a bênção da verdadeira santificação. Mas notai: o apóstolo não proclama ser inocente; está em busca da perfeição, andando à luz da presença de Deus. Testifica que o homem que professa conhecer a Deus e, contudo, quebra a lei divina, mente à sua profissão. "Aquele que diz: Eu conheço O, e não guarda os Seus mandamentos, é mentiroso, e nele não está a verdade". Neste século de alarmante liberalidade, estas palavras seriam taxadas como intolerância. Mas o apóstolo ensina que, conquanto devamos manifestar cortesia cristã, estamos autorizados a chamar o pecado e os pecadores por seu verdadeiro nome -- que isto é coerente com a verdadeira caridade. Conquanto tenhamos de amar as almas por quem Cristo morreu e trabalhar por sua salvação, não devemos condescender com o pecado. Não nos unamos com os rebeldes chamando a isso caridade. Deus exige de Seu povo atual que se poste, como o fez João em seu tempo, inflexivelmente pelo direito, em oposição aos erros destruidores das almas.

Não há santificação sem obediência

Tenho encontrado muitos que alegavam viver sem pecado. Mas quando provados pela Palavra de Deus, mostraram-se ser transgressores declarados de Sua santa lei. As mais claras evidências da perpetuidade e força de obrigatoriedade do quarto mandamento, falharam quanto a despertar a consciência. Eles não podiam negar as reivindicações de Deus, mas aventuraram-se a desculpar-se por transgredirem o sábado. Tinham a pretensão de ser santificados e de servir a Deus todos os dias da semana. Muitas pessoas boas, diziam, não observam o sábado. Se os homens estão santificados, nenhuma condenação repousará sobre eles se o não observam. Deus é demasiado misericordioso para puni-los por não guardarem o sétimo dia. Seriam considerados como esquisitos na comunidade se guardassem o sábado, e não teriam nenhuma influência no mundo. E eles precisam ser sujeitos aos poderes constituídos.

Uma senhora, em New Hampshire, apresentou seu testemunho numa reunião pública, dizendo que a graça de Deus estava governando em seu coração e que pertencia inteiramente ao Senhor. Então exprimiu sua crença de que este povo estava fazendo muito bem quanto a despertar pecadores para verem seu perigo. Disse: "O sábado que este povo apresenta a nós, é o único sábado da Bíblia"; e então afirmou que estivera muito preocupada com este assunto. Vira grandes provações diante de si, as quais teria de enfrentar caso observasse o sétimo dia. No dia seguinte ela veio à reunião e, de novo, deu testemunho, dizendo que perguntara ao Senhor se precisaria guardar o sábado e que Ele lhe dissera que não. Sua mente estava agora em descanso quanto ao assunto. Ela fez então a mais vibrante exortação a todos para atingirem o perfeito amor de Jesus, onde não há nenhuma condenação para a alma.

Esta mulher não possuía a genuína santificação. Não fora Deus quem lhe dissera que poderia ser santificada vivendo em desobediência a um de Seus explícitos mandamentos. A lei de Deus é sagrada, e ninguém a pode transgredir impunemente. Quem lhe disse que poderia continuar a quebrar a lei de Deus e ser inocente, fora o príncipe dos poderes das trevas -- o mesmo que dissera a Eva, no Éden, por intermédio da serpente: "Certamente não morrereis". Eva se lisonjeou com o pensamento de que Deus era demasiado bondoso para puni-la pela desobediência de Seus explícitos mandamentos. O mesmo sofisma é apresentado por milhares, em desculpa de sua desobediência ao quarto mandamento. Aqueles que têm o Espírito de Cristo, guardarão todos os mandamentos de Deus, independentes das circunstâncias. A Majestade dos Céus diz: "Eu tenho guardado os mandamentos de Meu Pai".

Adão e Eva ousaram transgredir as ordens do Senhor, e o terrível resultado de seu pecado deveria constituir uma advertência para nós, a fim de não seguirmos seu exemplo de desobediência. Cristo orou por Seus discípulos, nestas palavras: "Santifica-os na verdade: a Tua Palavra é a verdade". Não existe genuína santificação a não ser pela obediência à verdade. Aqueles que amam a Deus de todo o coração, também hão de amar a todos os Seus mandamentos. O coração santificado anda em harmonia com os preceitos da lei de Deus; porque eles são santos, justos e bons.

Deus não mudou

O caráter de Deus não mudou. Ele é hoje o mesmo Deus zeloso que era quando deu a Sua lei sobre o Sinai e a escreveu com Seu próprio dedo nas tábuas de pedra. Aqueles que espezinham a santa lei de Deus podem dizer: "Estou santificado;" mas estar santificado, de fato, e jactanciar-se de santificação são duas coisas diferentes.

O Novo Testamento não mudou a lei de Deus. A santidade do sábado do quarto mandamento está tão firmemente estabelecida como o trono de Jeová. João escreve: "Qualquer que comete pecado transgride também a lei; porque pecado é a transgressão da lei;" "e bem sabeis que Ele Se manifestou para tirar os nossos pecados; e nEle não há pecado. Qualquer que permanece nEle não peca: qualquer que peca [transgride a lei] não O viu nem O conheceu". Nós somos autorizados a considerar do mesmo modo que o fez o discípulo amado, aqueles que se jactam de permanecer em Cristo, de estar santificados, ao passo que vivem na transgressão da lei de Deus. Ele enfrentou justamente a mesma classe que nós temos de enfrentar. Disse ele: "Filhinhos, ninguém vos engane. Quem pratica a justiça é justo, assim como Ele é justo. Quem comete pecado é do diabo; porque o diabo peca desde o princípio". Aqui o apóstolo fala em termos claros, como julga que o assunto exige.

As epístolas de João transmitem um espírito de amor. Mas quando ele chega em contato com essa classe que quebra a lei de Deus e ainda se jacta de estar vivendo sem pecado, não hesita em adverti-la quanto a seu terrível engano. "Se dissermos que temos comunhão com Ele, e andarmos em trevas, mentimos, e não praticamos a verdade. Mas, se andarmos na luz, como Ele na luz está, temos comunhão uns com os outros e o sangue de Jesus Cristo, Seu Filho, nos purifica de todo o pecado. Se dissermos que não temos pecado, enganamo-nos a nós mesmos, e não há verdade em nós. Se confessarmos os nossos pecados, Ele é fiel e justo, para nos perdoar os pecados, e nos purificar de toda a injustiça. Se dissermos que não pecamos, fazemo-Lo mentiroso, e a Sua Palavra não está em nós".

Capítulo 9—João no Exílio

O maravilhoso êxito que acompanhou a pregação do evangelho pelos apóstolos e seus coobreiros, aumentou o ódio dos inimigos de Cristo. Eles fizeram todo esforço possível por deter seu progresso e, finalmente, conseguiram assestar o poder do imperador romano contra os cristãos. Seguiu-se uma terrível perseguição, na qual muitos dos servos de Cristo foram levados à morte. O apóstolo João era, nesse tempo, homem idoso; mas, com grande zelo e êxito, continuou a pregar a doutrina de Cristo. Ele tinha um testemunho de poder, o qual seus inimigos não podiam controverter, e que grandemente animava a seus irmãos.

Quando a fé dos cristãos parecia vacilar sob a furiosa oposição que eram forçados a enfrentar, o apóstolo repetia, com grande dignidade, poder e eloqüência: "O que era desde o princípio, o que ouvimos, o que vimos com os nossos olhos, o que temos contemplado, e as nossas mãos tocaram da Palavra da vida ... o que vimos e ouvimos, isso vos anunciamos, para que também tenhais comunhão conosco; e a nossa comunhão é com o Pai e com Seu Filho Jesus Cristo".

O mais implacável ódio foi incitado contra João por sua inflexível fidelidade à causa de Cristo. Ele era o último sobrevivente dos discípulos que estiveram intimamente ligados com Jesus; e seus inimigos decidiram que seu testemunho deveria silenciar. Se isto se pudesse realizar, a doutrina de Cristo, pensavam eles, não se divulgaria; e, se tratada com severidade, haveria de, brevemente, desaparecer do mundo. Conseqüentemente, João foi chamado a Roma para ser julgado por sua fé. Suas doutrinas foram mal apresentadas. Testemunhas falsas acusaram-no como um homem sedicioso, que publicamente, estava ensinando teorias que haveriam de subverter a nação.

O apóstolo apresentou sua fé de maneira clara e convincente, com tal simplicidade e candura que suas palavras tiveram um poderoso efeito. Seus ouvintes ficaram atônitos, diante de sua sabedoria e eloqüência. Mas quanto mais convincente seu testemunho, mais profundo o ódio daqueles que se opunham à verdade. O imperador encheu-se de raiva e blasfemou o nome de Deus e de Cristo. Não podia contradizer a argumentação do apóstolo ou opor-se ao poder que acompanhava a enunciação da verdade, de modo que determinou fazer silenciar seu fiel advogado.

A testemunha de Deus não silencia

Aqui podemos ver quão duro se pode tornar o coração quando obstinadamente se coloca contra os propósitos de Deus. Os inimigos da igreja estavam resolvidos a manter seu orgulho e poder diante do povo. Por decreto do imperador, João foi banido para a ilha de Patmos, condenado, como ele nos fala, "por causa da Palavra de Deus, e pelo testemunho de Jesus Cristo". Porém, os inimigos de Cristo falharam totalmente em seu propósito de fazer silenciar Sua fiel testemunha. De seu lugar de exílio, vem a voz do apóstolo atingindo mesmo o fim dos tempos, proclamando as mais eloqüentes verdades já apresentadas aos mortais.

Patmos, árida ilha rochosa no mar Egeu, havia sido escolhida pelo governo romano como lugar para desterro de criminosos. Mas, para o servo de Deus, esta triste habitação provou-se ser a porta do Céu. Ele fora separado das ocupadas cenas da vida e dos trabalhos ativos como evangelista; mas não fora excluído da presença de Deus. Em seu desolado lar, ele podia comungar com o Rei dos reis e estudar mais de perto o livro da Natureza e nas páginas da inspiração as manifestações do poder divino. Deleitava-se em meditar na grande obra do Arquiteto Divino. Em anos anteriores, seus olhos se haviam alegrado à vista de colinas cobertas de matas, verdes vales e planícies férteis; e, em todas as belezas da Natureza, ele se deleitava em traçar a sabedoria e perícia do Criador. Estava agora cercado por cenas que, para muitos, haveriam de parecer tristes e desinteressantes. Mas, para João, era o contrário. Ele podia ler as mais importantes lições nas rochas nuas e desoladas, nos mistérios do grande mar e nas glórias do firmamento. Para ele, tudo isto trazia o sinal do poder de Deus e declarava Sua glória.

A voz da natureza

O apóstolo contemplou ao seu redor as testemunhas do dilúvio que inundara a Terra porque seus habitantes se aventuraram a transgredir a lei de Deus. As rochas, lançadas para fora do mar e da terra, pelo rompimento das águas, traziam vividamente a seu espírito os terrores daquele terrível derramamento da ira de Deus.

Todavia, enquanto tudo aquilo que rodeava embaixo parecesse desolado e árido, os céus azuis, debruçados sobre o apóstolo na solitária Patmos, eram tão brilhantes e belos como o firmamento sobre sua amada Jerusalém. Que o homem contemple uma vez, de noite, a glória dos céus e note em suas hostes a obra do poder de Deus, e lhe será ensinada uma lição da grandeza do Criador, em contraste com sua própria pequenez. Se ele tem nutrido o orgulho e a idéia de sua própria importância por causa de riqueza, ou talentos, ou atrativos pessoais, que vá fora, numa linda noite, e contemple o céu estrelado, aprendendo a humilhar seu espírito orgulhoso na presença do Infinito.

Na voz de muitas águas -- um abismo chamando outro abismo -- o profeta ouviu a voz do Criador. O mar açoitado furiosamente pelos impiedosos ventos, representava para ele a ira de um Deus ofendido. As poderosas ondas, em sua mais terrível comoção, restringidas aos limites apontados por uma mão invisível, falavam a João de um infinito poder que controla o mar. E, em contraste, ele viu e percebeu a loucura dos débeis mortais, apenas vermes do pó, que se gloriam em sua sabedoria e força, e põem seu coração contra o Governador do Universo, como se Deus fosse semelhante a um deles. Quão cego e insensível é o orgulho humano! Uma hora da bênção de Deus, na luz do Sol ou na chuva sobre a terra, fará mais para mudar o aspecto da Natureza do que o homem, com todo o seu alardeante conhecimento e perseverante esforço, pode executar durante toda a vida.

Nas coisas que cercavam seu lar ilhéu, o profeta exilado lia as manifestações do poder divino e, em todas as obras da Natureza, mantinha comunhão com seu Deus. O mais ardente anseio da alma por Deus, as mais ferventes orações, partiram para o Céu, da rochosa Patmos. Ao olhar João para as rochas, lembrava-se de Cristo, a Rocha de sua força, em cujo abrigo se poderia esconder sem nenhum temor.

Um observador do Sábado

O dia do Senhor mencionado por João era o sábado, o dia no qual Jeová repousara após a grande obra da Criação, e o qual abençoara e santificara por haver repousado nele. O sábado era tão santamente observado por João na ilha de Patmos como quando estava entre o povo pregando a respeito desse dia. Junto das estéreis rochas que o cercavam, João se lembrava do rochoso Horebe e de quando Deus pronunciara Sua lei ao povo, ali, e dissera: "Lembra-te do dia do sábado, para o santificar".

O Filho de Deus falara a Moisés do cume do monte. Deus fizera das rochas o Seu santuário. Seu templo foram os outeiros eternos. O Divino Legislador descera sobre a montanha rochosa para pronunciar Sua lei aos ouvidos de todo o povo, a fim de que fossem impressionados pela grandiosa e terrível exibição do Seu poder e glória e temessem transgredir Seus mandamentos. Deus proferira Sua lei no meio de trovões, e relâmpagos, e de espessa nuvem sobre o cume da montanha, e Sua voz fora como a voz de uma trombeta ressoante. A lei de Jeová era imutável, e as tábuas sobre as quais escrevera essa lei eram rocha sólida, significando a imutabilidade de Seus preceitos. O monte Horebe tornara-se um lugar sagrado para todos os que amavam e reverenciavam a lei de Deus.

Em comunhão com Deus

Enquanto João contemplava as cenas do Horebe, o Espírito dAquele que santificara o sétimo dia veio sobre ele. Contemplava o pecado de Adão transgredindo a lei divina e o terrível resultado dessa transgressão. O infinito amor de Deus, dando Seu Filho para remir a raça perdida, parecia demasiado grande para a língua exprimir. Ao apresentá-lo em sua epístola, convida a igreja e o mundo para considerá-lo. "Vede quão grande caridade nos tem concedido o Pai: que fôssemos chamados filhos de Deus. Por isso o mundo nos não conhece; porque O não conhece a Ele". Era para João -- um mistério que Deus houvesse dado Seu Filho para morrer pelo homem rebelde. E ele estava realmente perplexo em ver que o plano da salvação, delineado a tal preço pelo Céu, fosse recusado por aqueles para quem o sacrifício infinito fora feito.

João estava em comunhão com Deus. Ao aprender mais do caráter divino através das obras da criação, sua reverência por Deus aumentou. Muitas vezes perguntou, de si para si: Por que os homens, que são inteiramente dependentes de Deus, não procuram estar em paz com Ele, mediante uma obediência voluntária? Ele é infinito em sabedoria e não há limite para Seu poder. Controla os céus com seus inumeráveis mundos. Preserva em perfeita harmonia a grandeza e beleza das coisas que criou. O pecado é a transgressão da lei de Deus; e a pena do pecado é a morte. Não teria havido nenhuma discórdia no Céu ou na Terra se jamais houvesse entrado o pecado. A desobediência à lei de Deus trouxe toda a miséria que tem existido entre Suas criaturas. Por que não se hão de os homens reconciliar com Deus?

Não é coisa de somenos importância pecar contra Deus, colocar a perversa vontade do homem em oposição à vontade de seu Criador. É para o melhor bem dos homens, mesmo neste mundo, obedecer aos mandamentos de Deus. E é certamente para seu interesse eterno submeter-se a Deus e estar em paz com Ele. As bestas do campo obedecem à lei de seu Criador no instinto que as governa. Ele fala ao orgulhoso oceano: "Até aqui virás, e não mais adiante"; e as águas são prontas para obedecer a Sua palavra. Os planetas estão dispostos em perfeita ordem, obedecendo a leis que Deus estabeleceu. De todas as criaturas que Deus fez sobre a Terra, só o homem é rebelde. Contudo, ele possui as faculdades do raciocínio para compreender as exigências da lei divina e uma consciência para sentir a culpa da transgressão e a paz e alegria da obediência. Deus o fez um agente moral livre, para obedecer ou desobedecer. O galardão da vida eterna -- um eterno peso de glória -- é prometido àqueles que fazem a vontade de Deus, ao passo que as ameaças de Sua ira pendem sobre todos os que desprezam Sua lei.

A majestade de Deus

Enquanto João meditava na glória de Deus exibida em Suas obras, estava mergulhado na grandeza e majestade do Criador. Se todos os habitantes deste pequeno mundo recusassem obediência a Deus, Ele não seria deixado sem glória. Num momento Ele poderia varrer da face da Terra todo mortal e criar urna nova raça para povoá-la e glorificar Seu nome. Deus não depende do homem para ser honrado. Ele poderia ordenar às hostes estelares lá dos céus, aos milhões de mundos do alto, que elevassem um cântico de honra e louvor, e glória ao Criador. "Os céus louvarão as Tuas maravilhas, ó Senhor, e a Tua fidelidade também na assembléia dos santos. Pois quem no Céu se pode igualar ao Senhor? Quem é semelhante ao Senhor entre os filhos dos poderosos? Deus deve ser em extremo tremendo na assembléia dos santos, e grandemente reverenciado por todos os que O cercam".

Uma visão de Cristo

João relembra os maravilhosos incidentes que testemunhara na vida de Cristo. Em pensamento, de novo goza das preciosas oportunidades com as quais fora uma vez favorecido, e é grandemente confortado. Repentinamente, interrompe-se sua meditação; ele é chamado em tons distintos e claros. Volta-se para ver de onde procede a voz, e, eis! contempla seu Senhor, ao qual tem amado, com quem tem andado e falado, e cujos sofrimentos na cruz testemunhara. Mas quão mudada a aparência do Salvador! Ele não é mais "homem de dores, e experimentado nos trabalhos". Não traz nenhum sinal de Sua humilhação. Seus olhos são como chama de fogo; os pés semelhantes a latão reluzente, como se tivessem sido refinados numa fornalha. Os tons de Sua voz são como os sons musicais de muitas águas. Seu semblante brilha como o Sol em sua glória meridiana. Em Sua mão estão sete estrelas, representando os ministros das igrejas. Da boca Lhe sai uma aguda espada de dois fios, emblema do poder de Sua Palavra.

João, que assim tem amado seu Senhor e resolutamente aderido à verdade em face de aprisionamento, açoites e ameaças de morte, não pode suportar a excelente glória da presença de Cristo, e cai por terra como ferido de morte. Jesus, então, põe a mão sobre o corpo prostrado de Seu servo, dizendo: "Não temas; Eu sou ... o que vivo e fui morto, mas eis aqui estou vivo para todo o sempre". João foi fortalecido para viver na presença de seu glorificado Senhor; e então foram apresentados perante ele, em santa visão, os propósitos de Deus para os séculos futuros. As gloriosas atrações do lar celestial foram-lhe reveladas. Foi-lhe permitido olhar para o trono de Deus e contemplar a multidão dos remidos com vestes brancas. Ouviu a música dos anjos celestiais e os cânticos triunfais daqueles que venceram pelo sangue do Cordeiro e a palavra do seu testemunho.

A humildade de João

Ao discípulo amado foram dados tão exaltados privilégios, como raramente têm sido concedidos aos mortais. Contudo, tanto se havia ele tornado semelhante ao caráter de Cristo, que o orgulho não encontrava lugar em seu coração. Sua humildade não consistia em mera profissão; era uma graça que o vestia tão naturalmente quanto uma veste. Ele sempre procurava ocultar seus próprios atos de justiça e evitar tudo que pudesse parecer atrair a atenção para si mesmo. Em seu Evangelho, João menciona o discípulo a que Jesus amava, mas oculta o fato de que esse assim honrado era ele. Sua atitude era destituída de egoísmo. Em sua vida diária ele praticava a caridade em seu sentido mais amplo. Tinha em alto grau o senso do amor que deveria existir entre os irmãos naturais e a irmandade cristã. Ele apresenta e insiste nesse amor como sendo uma característica essencial dos seguidores de Jesus. Destituído disto, todas as pretensões do nome cristão são vãs.

João era um professor de santidade prática. Apresenta infalíveis regras para a conduta dos cristãos. Eles devem ser puros de coração e corretos nas maneiras. Em nenhum caso devem ficar satisfeitos com uma profissão vã. Ele declara, em termos inconfundíveis, que ser cristão é ser semelhante a Cristo.

A vida de João foi uma vida de fervoroso esforço para conformar-se com a vontade de Deus. O apóstolo seguia tão de perto a seu Salvador e tinha tamanha compreensão da pureza e exaltada santidade de Cristo, que seu próprio caráter aparecia, em contraste, excessivamente defeituoso. E quando Jesus apareceu a João, com Seu corpo glorificado, um rápido olhar foi suficiente para fazê-lo cair como morto. Tais serão sempre os sentimentos daqueles que melhor conhecem seu Senhor e Mestre. Quanto mais de perto contemplam a vida e o caráter de

Jesus, tanto mais profundamente hão de sentir sua própria pecaminosidade e tanto menos dispostos estarão para ter pretensões à santidade de coração ou jactar-se de sua santificação.

Capítulo 10—O Caráter Cristão

O caráter do cristão é manifesto em sua vida diária. Disse Cristo: "Toda a árvore boa produz bons frutos, e toda a árvore má produz frutos maus". Nosso Salvador Se compara a uma videira, da qual Seus seguidores são os ramos. Ele declara positivamente que todos aqueles que desejam ser Seus discípulos precisam produzir frutos; e então mostra como podem tornar-se ramos frutíferos. "Estai em Mim, e Eu em vós; como a vara de si mesma não pode dar fruto, se não estiver na videira, assim também vós, se não estiverdes em Mim".

O apóstolo Paulo descreve o fruto que o cristão deve produzir. Diz ele que "está em toda a bondade, e justiça e verdade". E outra vez: "O fruto do Espírito é: caridade, gozo, paz, longanimidade, benignidade, bondade, fé, mansidão, temperança". Estas preciosas graças são apenas os princípios da lei de Deus, demonstrados na vida.

A lei de Deus é a única norma verdadeira de perfeição moral. Essa lei foi praticamente exemplificada na vida de Cristo. Ele diz de Si mesmo: "Tenho guardado os mandamentos de Meu Pai". Nada menos que esta obediência satisfará às exigências da Palavra de Deus. "Aquele que diz que está nEle, também deve andar como Ele andou". Nós não podemos alegar que somos impotentes para fazer isto, porque temos a afirmativa: "A Minha graça te basta". Ao olharmos no espelho divino -- a lei de Deus -- vemos a excessiva malignidade do pecado e nossa própria condição de perdidos, como transgressores. Mas, pelo arrependimento e a fé, somos justificados perante Deus, e, mediante a graça divina, habilitados a prestar obediência aos Seus mandamentos.

Amor a Deus e ao homem

Aqueles que têm genuíno amor a Deus, manifestarão um intenso desejo de conhecer Sua vontade e executá-la. Diz o apóstolo João, cujas epístolas tratam tão cabalmente do amor: "Esta é a caridade [ou amor] de Deus: que guardemos os Seus mandamentos". A criança que ama aos pais, mostrará esse amor por voluntária obediência; mas a criança egoísta, ingrata, procura fazer tão pouco quanto lhe seja possível por seus pais, enquanto, ao mesmo tempo, deseja gozar todos os privilégios assegurados ao obediente e fiel. A mesma diferença é vista entre os que professam ser filhos de Deus. Muitos que sabem ser o objeto de Seu amor e cuidado, e desejam receber sua bênção, não têm nenhum deleite em fazer Sua vontade. Consideram os reclamos de Deus como uma desagradável restrição, Seus mandamentos um danoso jugo. Mas aquele que está verdadeiramente procurando a santidade de coração e de vida, deleita-se na lei de Deus, e lamenta unicamente o fato de que fica muito aquém de satisfazer a suas reivindicações.

É-nos ordenado amar-nos mutuamente, como Cristo nos amou. Ele manifestou Seu amor, dando Sua vida para remir-nos. O discípulo amado diz que devemos estar dispostos a dar a vida pelos irmãos. Porque "todo aquele que ama ao que O gerou, também ama ao que dEle é nascido". Se amamos a Cristo, amaremos também àqueles que a Ele se assemelham na vida e no caráter. E não somente isto, mas havemos de amar àqueles que estão sem "esperança, e sem Deus no mundo". Foi para salvar os pecadores que Cristo deixou Seu lar no Céu, e veio à Terra para sofrer e morrer. Por isso Ele Se fatigou, agoniou-Se e orou, até o ponto de, com o coração partido e abandonado por aqueles a quem veio salvar, derramar Sua vida no Calvário.

Imitar o modelo

Muitos se esquivam de uma vida como a que viveu nosso Salvador. Sentem que requer demasiado grande sacrifício imitar o Modelo, produzir fruto em boas obras e então, pacientemente suportar a poda de Deus, para que possam dar mais fruto. Mas quando o cristão se considera apenas um humilde instrumento nas mãos de Cristo e se esforça por cumprir fielmente todo dever, confiando no auxílio prometido por Deus, então tomará o jugo de Cristo e achará fácil fazê-lo; então assumirá responsabilidades por Cristo, e dirá serem agradáveis. Ele poderá olhar para cima com ânimo e confiança, e dizer: "Eu sei em quem tenho crido, e estou certo de que é poderoso para guardar o meu depósito até àquele dia".

Se encontramos obstáculos em nosso caminho e fielmente os vencemos; se deparamos com oposição e vitupério, e, em nome de Cristo, ganhamos a vitória; se temos responsabilidades e nos desempenhamos de nossos deveres no espírito de nosso Mestre -- então, de fato, alcançamos um precioso conhecimento de Sua fidelidade e poder. Não mais dependeremos da experiência de outros, porque temos o testemunho em nós mesmos. Como os samaritanos da antiguidade, podemos dizer: "Nós mesmos O temos ouvido, e sabemos que Este é verdadeiramente o Cristo, o Salvador do mundo".

Quanto mais contemplarmos o caráter de Cristo e quanto mais

experimentarmos de Seu poder salvador, com tanto maior perspicácia reconheceremos nossa própria fraqueza e imperfeição, e mais fervorosamente olharemos para Ele como nossa força e nosso Redentor. Não temos poder em nós mesmos para purificar o templo da alma de sua contaminação; mas ao nos arrependermos de nossos pecados contra Deus e procurarmos perdão mediante os méritos de Cristo, Ele comunicará aquela fé que opera por amor e purifica o coração. Pela fé em Cristo e obediência à lei de Deus, podemos ser santificados e assim obter aptidão para a sociedade com os santos anjos e os remidos vestidos de branco no reino da glória.

A união com Cristo, nosso privilégio

Não é somente o privilégio, mas o dever de todo cristão manter uma íntima união com Cristo e ter uma rica experiência nas coisas de Deus. Então sua vida será frutífera em boas obras. Disse Cristo: "Nisto é glorificado Meu Pai, que deis muito fruto". Quando lemos a vida de homens que foram eminentes por sua piedade, muitas vezes consideramos suas experiências e consecuções como muito além de nosso alcance. Mas este não é o caso. Cristo morreu por todos; e é-nos assegurado em Sua Palavra que Ele está mais pronto a dar Seu Santo Espírito àqueles que Lho pedirem do que os pais terrenos a dar boas dádivas a seus filhos. Os profetas e apóstolos não aperfeiçoaram o caráter cristão por milagre. Eles usaram os meios colocados por Deus ao seu alcance; e todos os que fizerem o mesmo esforço hão de conseguir os mesmos resultados.

A oração de Paulo pela igreja

Em sua carta à igreja de Éfeso, Paulo apresenta perante os membros o "mistério do evangelho" -- "as abundantes riquezas de Cristo" -- e então lhes assegura suas fervorosas orações em favor de sua prosperidade espiritual:

"... Me ponho de joelhos perante o Pai de nosso Senhor Jesus Cristo,... para que, segundo as riquezas da Sua glória, vos conceda que sejais corroborados com poder pelo Seu Espírito no homem interior; para que Cristo habite pela fé nos vossos corações; a fim de, estando arraigados e fundados em amor, poderdes perfeitamente compreender, com todos os santos, qual seja a largura, e o comprimento, e a altura, e a profundidade, e conhecer o amor de Cristo, que excede todo o entendimento, para que sejais cheios de toda a plenitude de Deus".

Escreve ele também a seus irmãos de Corinto: "Aos santificados em Cristo Jesus", "graça e paz da parte de Deus nosso Pai, e do Senhor Jesus Cristo. Sempre dou graças ao meu Deus por vós pela graça de Deus que vos foi dada em Jesus

Cristo. Porque em tudo fostes enriquecidos nEle, em toda a palavra e em todo o conhecimento (como foi mesmo o testemunho de Cristo confirmado entre vós). De maneira que nenhum dom vos falta, esperando a manifestação de nosso Senhor Jesus Cristo". Estas palavras são dirigidas não somente à igreja de Corinto, mas a todo o povo de Deus até ao fim dos tempos. Todo cristão pode gozar a bênção da santificação.

O Apóstolo continua nestes termos: "Rogo-vos, porém, irmãos, pelo nome de nosso Senhor Jesus Cristo, que digais todos uma mesma coisa, e que não haja entre vós dissensões, antes sejais unidos em um mesmo sentido e em um mesmo parecer". Paulo não teria apelado para eles a fim de que fizessem o impossível. A união é o resultado certo da perfeição cristã.

Também na epístola aos colossenses são apresentados os gloriosos privilégios concedidos aos filhos de Deus. "Porquanto ouvimos da vossa fé em Cristo Jesus, e da caridade que tendes para com todos os santos;... nós também desde o dia em que o ouvimos, não cessamos de orar por vós, e de pedir que sejais cheios do conhecimento da Sua vontade, em toda a sabedoria e inteligência espiritual; para que possais andar dignamente diante do Senhor, agradando-Lhe em tudo, frutificando em toda a boa obra, e crescendo no conhecimento de Deus, corroborados em toda a fortaleza, segundo a força da Sua glória, em toda a paciência, e longanimidade com gozo".

A norma da santidade

O próprio apóstolo esforçava-se por alcançar a mesma norma de santidade que apresentara a seus irmãos. Ele escreve aos filipenses: "O que para mim era ganho reputei-o perda por Cristo. E, na verdade, tenho também por perda todas as coisas, pela excelência do conhecimento de Cristo Jesus, meu Senhor;... para conhecê-Lo, e à Sua morte; para ver se de alguma maneira posso chegar à ressurreição dos mortos. Não que já a tenha alcançado, ou que seja perfeito; mas prossigo para alcançar aquilo para o que fui também preso por Cristo Jesus. Irmãos, quanto a mim, não julgo que o haja alcançado; mas uma coisa faço, e é que, esquecendo-me das coisas que atrás ficam, e avançando para as que estão diante de mim, prossigo para o alvo, pelo prêmio da soberana vocação de Deus em Cristo Jesus". Há um notável contraste entre pretensões jactanciosas e de justiça própria daqueles que professam estar sem pecado e a modesta linguagem do apóstolo. Contudo, foi a pureza e a fidelidade de sua própria vida que deu poder às suas exortações a seus irmãos.

A vontade de Deus

Paulo não hesitava em salientar, em toda ocasião oportuna, a importância da santificação bíblica. Diz Ele: "Vós bem sabeis que mandamentos vos temos dado pelo Senhor Jesus. Porque esta é a vontade de Deus, a vossa santificação". "De sorte que, meus amados, assim como sempre obedecestes, não só na minha presença, mas muito mais agora na minha ausência, assim também operai a vossa salvação com temor e tremor; porque Deus é o que opera em vós tanto o querer como o efetuar, segundo a Sua boa vontade. Fazei todas as coisas sem murmuração nem contendas; para que sejais irrepreensíveis e sinceros, filhos de Deus inculpáveis no meio duma geração corrompida e perversa, entre a qual resplandeceis como astros no mundo".

Ele concita Tito a instruir a igreja quanto a que, embora devessem seus membros confiar nos méritos de Cristo para a salvação, a graça divina, habitando em seus corações, conduzirá à fiel execução de todos os deveres da vida. "Admoesta-os a que se sujeitem aos principados e potestades que lhes obedeçam, e estejam preparados para toda a boa obra; que a ninguém infamem, nem sejam contenciosos, mas modestos, mostrando toda a mansidão para com todos os homens. ... Fiel é a palavra, e isto quero que deveras afirmes, para que os que crêem em Deus procurem aplicar-se às boas obras; estas coisas são boas e proveitosas aos homens".

Paulo procura impressionar-nos a mente com o fato de que o fundamento de todo serviço aceitável a Deus, ao mesmo tempo que a própria coroa das graças cristãs, é o amor; e de que somente no coração em que reina o amor é que habitará a paz de Deus. "Revesti-vos, pois, como eleitos de Deus, santos e amados, de entranhas de misericórdia, de benignidade, humildade, mansidão, longanimidade: suportando-vos uns aos outros, se algum tiver queixa contra outro: assim como Cristo vos perdoou, assim fazei vós também. E, sobretudo isto, revesti-vos de caridade, que é o vínculo da perfeição. E a paz de Deus, para a qual também fostes chamados em um corpo, domine em vossos corações; e sede agradecidos. A Palavra de Cristo habite em vós abundantemente, em toda a sabedoria, ensinando-vos e admoestando-vos uns aos outros, com salmos, hinos e cânticos espirituais; cantando ao Senhor com graça em vosso coração. E, quanto fizerdes por palavras ou por obras, fazei tudo em nome do Senhor Jesus, dando por Ele graças a Deus Pai".

Capítulo 11—O Privilégio do Cristão

Muitos dos que estão buscando santidade de coração e pureza de vida, parecem perplexos e desanimados. Estão constantemente olhando para si mesmos, e lamentando sua falta de fé; e porque não têm fé, julgam que não podem reclamar a bênção de Deus. Estas pessoas pensam que o sentimento seja fé. Olham por cima da simplicidade da verdadeira fé, e assim trazem grandes trevas sobre sua vida. Deveriam volver a mente de si mesmas para repousá-la na misericórdia e bondade de Deus e recordar Suas promessas, e então simplesmente crer que Ele cumprirá Sua palavra. Não é em nossa fé que devemos confiar, porém nas promessas de Deus. Quando nos arrependemos de nossas transgressões passadas, contra Sua lei, e resolvemos prestar obediência no futuro, devemos crer que Deus, por amor de Cristo nos aceita e perdoa nossos pecados.

As trevas e o desânimo virão, às vezes, à alma e ameaçarão vencer-nos; mas não devemos rejeitar nossa confiança. Precisamos conservar os olhos fixos em Jesus, sentindo ou não. Devemos procurar cumprir fielmente cada dever conhecido e então, calmamente, descansar nas promessas de Deus.

A vida da fé

Por vezes, um profundo sentimento de nossa indignidade enche o coração, num estremecimento de terror; mas isto não é evidência de que Deus tenha mudado para conosco, ou nós em relação para com Ele. Nenhum esforço deveria ser feito quanto a dirigir a mente a certa intensidade de emoção. Podemos não sentir hoje a paz e o gozo que sentíamos ontem; mas devemos, pela fé, agarrar a mão de Cristo e confiar nEle tão completamente nas trevas como à luz.

Satanás poderá segredar: "Sois demasiadamente grandes pecadores para que Cristo vos salve". Conquanto reconheçais que sois realmente pecadores e indignos, podeis enfrentar o tentador com esta declaração: "Pela virtude da expiação, eu reclamo Cristo como meu Salvador. Não confio em meus próprios méritos, mas no precioso sangue de Jesus, o qual me limpa. Neste momento eu lanço sobre Cristo meu desalentado coração". A vida cristã deve ser de constante, viva fé. Uma confiança que não se renda, firme fé em Cristo, trarão paz e certeza à alma.

Resistir à tentação

Não vos desanimeis porque vosso coração parece duro. Cada obstáculo, cada inimigo interior, apenas aumenta vossa necessidade de Cristo. Ele veio para tirar o coração de pedra e dar-vos outro, de carne. Olhai para Ele em busca de graça especial para vencer vossas faltas peculiares. Quando assaltados pela tentação, resisti firmemente às más tendências; dizei a vosso coração: "Como posso eu desonrar ao meu Redentor? Entreguei-me a Cristo; não posso fazer as obras de Satanás". Clamai ao amado Salvador em busca de auxílio para sacrificar todo ídolo e lançar fora todo pecado acariciado. Que os olhos da fé vejam Jesus diante do trono do Pai, apresentando Suas mãos feridas, enquanto intercede por vós. Crede que vos virá força, por intermédio de vosso precioso Salvador.

Ver com os olhos da fé

Pela fé, olhai para as coroas destinadas aos que hão de vencer; atentai para o exultante canto dos remidos: Digno, digno é o Cordeiro, que foi morto e nos redimiu para Deus! Esforçai-vos por considerar estas cenas como reais. Estêvão, o primeiro mártir cristão, em seu terrível conflito com os principados, e as potestades, e as hostes espirituais da maldade, nos lugares celestiais, exclamou: "Eis que vejo os céus abertos, e o Filho do homem, que está em pé à direita de Deus". O Salvador do mundo foi-lhe revelado como olhando dos Céus para ele com o mais profundo interesse; e a gloriosa luz do semblante de Cristo brilhou sobre Estêvão com tal resplendor que mesmo os seus inimigos viram seu rosto brilhar como o rosto de um anjo.

Se permitíssemos que nossa mente se demorasse mais sobre Cristo e o mundo celestial, acharíamos um poderoso estímulo e amparo em guerrear as batalhas do Senhor. O orgulho e o amor ao mundo perderão seu poder ao contemplarmos as glórias daquela terra melhor, que tão logo será nosso lar. Diante da amabilidade de Cristo, todas as atrações terrenas parecerão de pouco valor.

Que ninguém pense que sem fervoroso esforço de sua parte poderá obter a certeza do amor de Deus. Quando por tão longo tempo se permitiu à mente repousar somente em coisas terrenas, é difícil mudar os hábitos do pensamento. Aquilo que os olhos vêem e os ouvidos escutam, demasiadas vezes atrai a atenção e absorve o interesse. Mas se quisermos entrar na cidade de Deus e olhar para Jesus e Sua glória, precisamos acostumar-nos, aqui, a contemplá-Lo com os olhos da fé. As palavras e o caráter de Cristo devem ser, freqüentemente, o assunto de nossos pensamentos e de nossa conversação; e, cada dia, algum tempo deve ser consagrado especialmente a devota meditação nestes temas sagrados.

Silenciando o espírito

A santificação é uma obra diária. Ninguém se engane a si mesmo com a suposição de que Deus o perdoará e abençoará, enquanto está pisando um de Seus mandamentos. A prática voluntária de um pecado conhecido silencia a testemunhadora voz do Espírito e separa de Deus a alma. Quaisquer que sejam os êxtases do sentimento religioso, Jesus não pode habitar no coração que desrespeita a lei divina. Deus apenas honrará àqueles que O honram.

"Sois servos daquele a quem obedeceis". Se condescendemos com a ira, a concupiscência, a cobiça, o ódio, o egoísmo ou outro pecado qualquer, tornamo-nos servos do pecado. "Ninguém pode servir a dois senhores". Se servimos ao pecado, não podemos servir a Cristo. O cristão sentirá as tendências do pecado, porque a carne cobiça contra o Espírito, mas o Espírito combate contra a carne, mantendo uma batalha constante. É aqui que o auxílio de Cristo se faz preciso. A fraqueza humana se une à força divina, e a fé exclama: "Graças a Deus, que nos dá a vitória por nosso Senhor Jesus Cristo".

Hábitos religiosos corretos

Se quisermos desenvolver um caráter que Deus possa aceitar, precisamos formar hábitos corretos em nossa vida religiosa. A oração diária é tão essencial ao crescimento na graça, e mesmo à própria vida espiritual, como o alimento temporal ao bem-estar físico. Devemos acostumar-nos a elevar muitas vezes os pensamentos a Deus em oração. Se a mente vagueia, devemos fazê-la retornar; mediante perseverante esforço, o hábito finalmente fará que isto seja fácil. Não podemos, por um momento, separar-nos de Cristo com segurança. Podemos contar com Sua presença para assistir-nos a cada passo, mas somente observando nós as condições que Ele mesmo estabeleceu.

A religião deve tornar-se o grande negócio da vida. Tudo mais deve ficar subordinado a ela. Todas as nossas faculdades morais, físicas e espirituais devem empenhar-se na batalha cristã. Devemos olhar para Cristo em busca de força e graça, e ganharemos a vitória tão certamente como Jesus morreu por nós.

O valor da alma

Devemos aproximar-nos da cruz de Cristo. O arrependimento ao pé da cruz é a primeira lição que temos de aprender. O amor de Jesus -- quem o pode compreender? Infinitamente mais terno e abnegado que o amor de uma mãe! Se quisermos conhecer o valor de uma alma humana, precisamos olhar, com fé viva, para a cruz e aí começar o estudo que será a ciência e o cântico dos remidos através de toda a eternidade. O valor de nosso tempo e de nossos talentos pode ser calculado somente pela grandeza do resgate pago por nossa redenção. Que ingratidão manifestamos para com Deus quando O roubamos, retendo dEle nossas afeições e nosso serviço. É demais dar-nos a nós mesmos a Ele, que tudo sacrificou por nós? Podemos nós escolher a amizade do mundo, diante das honras imortais que Cristo oferece -- "que se assente comigo no Meu trono; assim como Eu venci, e Me assentei com Meu Pai no Seu trono?"

Uma obra progressiva

A santificação é uma obra progressiva. Os passos sucessivos são postos perante nós nas palavras de Pedro: "Pondo nisto mesmo toda a diligência, acrescentai à vossa fé a virtude, e à virtude a ciência, e à ciência temperança, e à temperança paciência, e à paciência piedade, e à piedade amor fraternal; e ao amor fraternal caridade. Porque, se em vós houver e abundarem estas coisas, não vos deixarão ociosos nem estéreis no conhecimento de nosso Senhor Jesus Cristo". "Portanto, irmãos, procurai fazer cada vez mais firme a vossa vocação e eleição; porque, fazendo isto, nunca jamais tropeçareis. Porque assim vos será amplamente concedida a entrada no reino eterno de nosso Senhor e Salvador Jesus Cristo".

Eis aqui um procedimento pelo qual podemos ter certeza de que jamais cairemos. Aqueles que estão assim trabalhando sobre o plano de adição em obter as graças cristãs, terão a certeza de que Deus operará de acordo com o plano de multiplicação, em assegurar-lhes os dons de Seu Espírito. Pedro assim se dirige àqueles que atingiram esta preciosa fé: "Graça e paz vos sejam multiplicadas, pelo conhecimento de Deus, e de Jesus nosso Senhor". Pela graça divina todos aqueles que quiserem poderão galgar os brilhantes degraus da Terra ao Céu e, afinal, "com júbilo, e perpétua alegria", passar através dos portais, para dentro da cidade de Deus.

Nosso Salvador requer para Si tudo que há em nós; pede nossos primeiros e mais puros pensamentos, nossa mais pura e mais intensa afeição. Se somos realmente participantes da natureza de Deus, Seu louvor estará continuamente em nosso coração e nossos lábios. Nossa única segurança está em entregar nosso tudo a Ele e em estar constantemente crescendo na graça e no conhecimento da verdade.

A exclamação de vitória de Paulo

O apóstolo Paulo fora altamente honrado por Deus, tendo sido arrebatado em visão ao terceiro Céu, onde contemplou cenas cujos esplendores não lhe foi permitido revelar. Contudo, isto não o levou à jactância ou confiança própria. Reconheceu a importância da constante vigilância e renúncia própria, e declara sinceramente: "Subjugo o meu corpo, e o reduzo à servidão, para que, pregando aos outros, eu mesmo não venha dalguma maneira a ficar reprovado".

Paulo sofreu por amor da verdade; e, contudo, não ouvimos nenhuma queixa de seus lábios. Ao rever sua vida de fadiga, e cuidado, e sacrifício, ele diz: "Para mim tenho por certo que as aflições deste tempo presente não são para comparar com a glória que em nós há de ser revelada". Vem até nosso tempo a exclamação de vitória do fiel servo de Deus: "Quem nos separará do amor de Cristo? A tribulação, ou a angústia, ou a perseguição, ou a fome, ou a nudez, ou o perigo, ou a espada?... Mas em todas estas coisas somos mais do que vencedores, por Aquele que nos amou. Porque estou certo de que nem a morte, nem a vida, nem os anjos, nem os principados, nem as potestades, nem o presente, nem o porvir, nem a altura, nem a profundidade, nem alguma outra criatura nos poderá separar do amor de Deus, que está em Cristo Jesus nosso Senhor".

Embora Paulo fosse afinal confinado a uma prisão romana -- excluído da luz e ar do céu, isolado de seus labores ativos no evangelho, esperando a todo o momento ser condenado à morte -- contudo não se entregou à dúvida ou desespero. Daquela escura masmorra partiu seu testemunho pré-agônico, cheio de uma sublime fé e ânimo que têm inspirado o coração dos santos e mártires em todos os séculos subseqüentes. Suas palavras apropriadamente descrevem os resultados daquela santificação que nos temos esforçado por apresentar nestas páginas: "Eu já estou sendo oferecido por aspersão de sacrifício, e o tempo da minha partida está próximo. Combati o bom combate, acabei a carreira, guardei a fé. Desde agora, a coroa da justiça me está guardada, a qual o Senhor, justo Juiz, me dará naquele dia; e não somente a mim, mas a todos os que amarem a Sua vinda".

Livros para continuar a compreender esta preciosa mensagem de salvação

1. 1888 Materiais, Ellen G. White (A4).*
2. O Maior Discurso de Cristo (A4).
3. A ciência do bom viver (A4).
4. Parábolas de Jesús (A4).
5. Carta aos Romanos, E. J. Waggoner (A4).
6. Cristo e sua Justicia, E. J. Waggoner (A4).
7. As Boas Novas: Gálatas versículo a versículo, E. J. Waggoner (A4).
8. A Historia do Profeta de Patmos, Haskell
9. O verbo se fez carne, Ralph Larson
10. Tocado por nossos sentimentos, Jean Zurcher
11. O concerto Eterno, E. J. Waggoner (A4).
12. O Caminho Consagrado a Perfeição Crista, A. T. Jones
13. Educação, Ellen G. White (A4).
14. Lições da Vida de Neemias, Ellen G. White (A4).
15. Liderança Cristã, Ellen G. White (A4).
16. Santificação, Ellen G. White (A4).

***MAIS LIVROS EM BREVE
* * Tamanho do livro e impressão EM GRANDE FORMATO

Para obter estes livros por caixa (40% de desconto) ou um catálogo com mais publicações, escreva-nos:
lsdistribution07@gmail.com